Miradas sobre la educación a lo largo de la vida: investigaciones y experiències

MONTABER

UNIVERSITAT DE BARCELONA

Miradas sobre la educación a lo largo de la vida: investigaciones y experiències

Coordinación

Àngel Marzo Guarinos

Graça dos Santos Costa

Miradas sobre la educación a lo largo de la vida. Investigaciones y experiencias
1.ª edición, 2020

Editan:

Marge Books - Montaber
València, 558 - 08026 Barcelona
Tel. 931 429 486
montaber@montaber.es
https://montaber.publica.la/library

MONTABER

Universidad de Barcelona
Grup d'investigació i assessorament didàctic
P. de la Vall d'Hebron, 171 - 08035 Barcelona
Tel. 934035058
www.ub.edu/doe/recerca/giad

Gestión editorial: Eva Franch, Laura Serral
Compaginación: Mercedes Lara

ISBN edición impresa: 978-84-18532-67-2
ISBN edición digital: 978-84-18532-47-4
Depósito Legal: B 6428-2021

Índice

Prefacio

Fui el primer lector de este libro. No fui el primer lector de cada capítulo individual; estos ya habían sido leídos por varios lectores: los autores, sus colegas, los revisores y los editores de este libro. Y como ocurre con todos los textos, ellos tomaron múltiples formas a medida que fueron construidos y deconstruidos en respuesta a la reflexión y al comentario crítico. Ahora, ese proceso ha terminado y podemos empezar a contemplar los textos individuales como un todo, como un libro, como un colectivo. En este prefacio intentaré destacar qué es ese colectivo y por qué debería ser de interés para los lectores.

El libro nos promete múltiples miradas a la educación de adultos. Entonces, ¿qué es la educación de adultos? ¿Y por qué deberíamos querer entenderlo desde múltiples perspectivas? Bueno, en repostua a mí propia pregunta, diría que es útil comprender la educación de adultos desde múltiples perspectivas porque la educación de adultos en si toma múltiples formas. Hay muchas maneras en que los adultos aprenden durante toda su vida. Para entender la educación de adultos, es necesario entender la diversidad de contextos, proveedores, actores y tipos de oferta que participan en el apoyo al aprendizaje de adultos. Este libro revela y reflexiona sobre algunas de las diversas estructuras, políticas y prácticas que componen la educación de adultos.

La educación de adultos puede ser formal, puede tener lugar en una sala de aula con un profesor, un plan de estudios fijo y una evaluación que conduzca a la acreditación. Pero también puede ser no-formal, adoptando la forma de un círculo de lectura, apoyo individual en un taller, o integrada en actividades culturales más amplias. También puede tener lugar en la biblioteca, en el club deportivo local, o en la casa de alguien. La educación de acultos merece múltiples miradas porque en si, es múltiple.

Sin embargo, a medida que examinamos estos contextos y consideramos los desafíos y oportunidades descritos en ellos, comenzamos a reconocer temas comunes: cuestiones de currículo y preparación docente, políticas públicas y leyes, representación y visibilidad. Y aunque las diferencias locales son a menudo marcadas, comenzamos a escuchar una voz común entre la gama de actores.

Este libro también nos recuerda que la educación de adultos no es una isla, toca muchas otras áreas de la vida. Y, por supuesto, lo tocan fuerzas más amplias, algunas de ellas locales o regionales, pero otras son transnacionales y nos afectan a todos. Los capítulos de este libro se centran en la educación de adultos en un contexto educativo particular. A través de las múltiples miradas que nos presentan los autores podemos visitar contextos en España, Portugal y Brasil. Y dentro de esos países se nos da una instantánea del aprendizaje de adultos en un contexto particular, desde una perspectiva particular y articulada. A través de los textos vemos la influencia de la teoría del capital humano en la política educativa de los tres países, con un fuerte enfoque en el desarrollo económico, la empleabilidad y un estrechamiento de los objetivos valorados por los gobiernos.

El libro también promete dar voz a múltiples actores, para empoderar a los estudiantes adultos que de otra manera permanecerían en silencio. Con demasiada frecuencia, se cuentan historias sobre estudiantes adultos (y el aprendizaje de los adultos) con énfasis en la voz del analista, no en la voz del adulto.

En este libro, los autores dan voz a los alumnos, muchos de ellos de grupos no tradicionales o a menudo excluidos, así como a sus profesores. Muchos de los capítulos se basan en datos de investigación cualitativa, lo que permite que estas voces sean escuchadas como individuos y cuenten algo de sus historias.

David Mallows

Introducción

Para responder a los desafíos que se plantean en todo el planeta es necesario un esfuerzo importante en materia de educación. Los avances científicos y tecnológicos, pero también las nuevas realidades sociales, implican que las personas estemos en constante y acelerado proceso de aprendizaje. No sólo por lo que se refiere a los aprendizajes generales, a veces poco mesurables y en constante cambio, sino también de aprendizajes concretos que tienen consecuencias inmediatas en la vida de todas las personas. Cambiar de domicilio, de puesto de trabajo, de protocolo de actuación de programa técnico o informático, adaptase a los retos de salud, de la convivencia social, del disfrute y la creación cultural implica desarrollar nuevos aprendizajes.

En general somos conscientes de que la educación puede facilitarnos la vida, impulsar nuestro desarrollo y bienestar de la colectividad con la que convivimos. Al mismo tiempo debemos considerar que el disfrute del apoyo educativo y el aprecio se tiene de esta actividad es tanto mayor cuando más se dispone de unos instrumentos básicos que permiten el desarrollo por múltiples vías, procedimientos, en situaciones muy diversas. Como mayor es nuestro nivel de uso y conocimiento de diversas vías de aprendizaje mejor entendemos que la educación es útil para múltiples aspectos de nuestra vida. Las personas que no han tenido estos instrumentos básicos tienen más dificultades de acceso por la falta de una base mínima, pero a la vez tampoco llegan a conocer posibilidades que podrían tener a su alcance.

La dificultad de acceso a los conocimientos mínimos implica que una parte importante de la población no puede responder a actividades básicas con un mínimo de competencia y esto crea un desequilibrio social del que parece que no seamos conscientes. Pensemos en el proceso de digitalización y procesos virtuales a los que se están supeditando muchas de nuestras actividades cotidianas. Cada vez que damos un paso en este sentido sectores amplios van quedando al margen, encontrándose bloqueados en por un sistema que no dominan, siendo más dependientes. Si no deseamos ahondar la brecha con los más desfavorecidos las decisiones que se realizan en esta dirección deberían ir acompañadas de medidas educativas que paliaran las consecuencias que éstas implican.

En esta publicación queremos llamar la atención desde una perspectiva múltiple y amplia, con la que abordar la educación a lo largo de la vida. Una mirada que tenga en cuenta la economía, el desarrollo, pero también todas las personas y como este desarrollo incide en el entorno natural y social. La educación también puede formar parte del rodillo que encamina a las personas a sujetarse a los dictados de unas minorías dominantes, pero una educación manipuladora, que adoctrine, que impone y solo, desde nuestra perspectiva, es una educación en falso. Ivan Illich[1] en la década de 1970 ya alertó de una educación, una sanidad, una acción social centrípeta que piensa en los intereses de la institución y quien la promueve y no en el de las mujeres y hombres que participan en los procesos educativos.

Si hablamos de la multiplicidad es porque entendemos que en la base de la educación debe instaurarse una mirada crítica y a la vez constitutiva de espacios de aprendizaje útiles para las personas y para el conjunto de la sociedad.

Favorece este impulso dotar a la actividad educativa de una visión global, más allá de lo escolar, de lo institucional, que incorpore la perspectiva del sujeto, que cuente con el territorio y las características con las que se configura cada proceso en el espacio próximo de las personas. La técnica puede jugar un papel clave siempre que esté al servicio de los que necesitan las personas, de un desarrollo sostenible. Francisco Gutiérrez y Cruz Prado (2003) hablan de la ecopedagogía como la respuesta educativa que parte del entono y busca la constitución de espacios físicos, afectivos y mentales más habitables en el presente y en el futuro.

La ciencia y la técnica cada día son procesos más importantes en nuestra sociedad, pero a menudo nuestra visión es o actúa alimentando el espejismo de que solo hay una vía de repuesta a los retos. El pensamiento científico debe incluir la capacidad crítica, de contraste de permanente validación. Además, hoy sabemos que es necesario tener en cuenta la complejidad de las situaciones en las que nos encontramos. Las certezas a menudo son solo un paso para seguir adelante hasta que encontramos nuevos elementos que nos permiten dar respuestas más pertinentes. Candida Moraes afirma que la complejidad es el factor constitutivo

---

[1] Tort, A. (2003). "Los silencios y las palabras de Ivan Illich". *Cuadernos de Pedagogía*. 323, p. 81-83.

de la materia, *nuestra realidad es dinámica, ecológica y, por lo tanto, relacional, imdeterminada, no lineal, difusa e imprevisible* (Batalloso y Aparicio, 2008).

La educación debe ser capaz de incluir elementos de discrepancia, de disenso, de divergencia y también de contradicción. Y aquí es donde debemos reconocer el carácter político. El acto educativo debe estar permanentemente buscando el acuerdo, los consensos, la inclusión de planteamientos, de contenidos. Educar, como diría Ettore Gelpi (2005), implica confrontar ideas y proyectos para buscar el trayecto que nos es favorable a todas y todos. Nada tiene que ver esto con la acción partidista que a menudo planea sobre la educación, ni con los juegos de poder internos de las organizaciones sino con el ejercicio radical de la democracia. Es la búsqueda de la inclusión de la capacidad de incidencia de todos los agentes que intervienen en el proceso educativo. La búsqueda de consensos también implica el respeto a las diferentes perspectivas que conviven en un mismo espacio.

Esta publicación fue organizada por el Grupo de Investigación y Asesoramiento Didáctico (GIAD), del Departamento de Didáctica y Organización Educativa de la Universidad de Barcelona. Reúne aportaciones interinstitucionales de contextos nacionales e internacionales de profesores e investigadores de España, Brasil y Portugal. Participan diferentes profesores con experiencias diversas en la educación de adultos en el ámbito escolar, universitario y comunitario. Son profesores con trayectorias en docencia, gestión e investigación para personas jóvenes y adultas.

Esta obra ofrece algunas aportaciones organizadas en tres bloques. El primero presenta unas investigaciones y aportaciones críticas sobre el sentido de la educación a lo largo de la vida. Un segundo bloque incide en algunos elementos de la práctica y en los instrumentos útiles para esta. Y la tercera analiza algunas experiencias.

Maria Rutimar de Jesus Belizario, Luís Alcoforado, Arminda Rachel Botelho Mourão, Vilma Aparecida Pinho presentan algunas reflexiones sobre los propósitos de las políticas de educación de jóvenes y adultos en Portugal y Brasil. Partiendo de un enfoque cualitativo, se sustenta en un análisis documental detallado de los principales documentos legales de los dos países, enfocándose, en particular, en la identificación de las dimensiones ideológicas que se enuncian, que señalan un alineamiento general con los valores dominantes de la globalización económica matricial neoliberal, respetando los principios de una agenda global que refleja la sobrevaloración de las contribuciones a la reestructuración del capital y la competitividad de las economías, en detrimento de una educación más humana y emancipadora, preocupada por la participación de las personas en la transformación de sus contextos de vida.

Pep Aparicio Guadas, del Instituto Paulo Freire de España, a partir de la experiencia educativa, ofrece una reelaboración de conceptos, instrumentos y aportaciones para aproximarnos a la educación con una mirada crítica y a la vez capaz de sentar las bases para constituir espacios de creación y de emancipación. Ofrece una perspectiva de la praxis a partir de las acciones educativas y los trabajos co-efectuados en diferentes seminarios, grupos de trabajo colectivo en los últimos años. Sistematiza elementos que ponen en pie y/o en cuestión algunos de los temas nucleares de la acción educativa.

Adna Neves, Katia Siqueira, Maria de Fatima Lepikson y Antônio Amorim promueven reflexiones sobre la Educación de Jóvenes y Adultos (EJA) en Brasil. Analizan el estigma del analfabetismo y sus consecuencias para la vida de las personas que se encuentran en esa condición. Afirman que la EJA debe abordar las habilidades cognitivas y sociales para que los sujetos puedan analizar la información, plantear discusiones y posicionarse crítica y creativamente, así como la preparación para el ejercicio consciente de la ciudadanía y la búsqueda de derechos que ya están asegurados y aún no garantizados, como la alfabetización y educación de calidad para todos a lo largo de la vida. Concluyen apuntando que la alfabetización requerida va más allá, mucho más allá de leer, escribir y contar y prepararse para construir un mundo socialmente más justo e igualitario con respecto a las oportunidades que necesita cada uno para seguir su curso y afirmarse socialmente.

Jackeline Silva Cardoso y Tânia Regina Dantas presentan el estudio de la formación y formación de docentes en la especificidad de EJA. El propósito es establecer reflexiones sobre la formación, para comprender su alcance en el proceso de construcción del sujeto como ser individual y colectivo. Estudia las interacciones establecidas entre el sujeto y el entorno (ecoformación), el sujeto y los demás sujetos (heteroformación) y el sujeto consigo mismo (autoformación).

El principal objetivo de este artículo es resaltar la importancia de las narrativas. Los datos autobiográficos como dispositivos metodológicos fundamentales en los procesos de formación.

Irene García ofrece un análisis de el contexto de la práctica educativa en un territorio. Se aproxima a esta realidad a través del análisis de periódicos y revistas catalanas. A partir de ellas se describe la trayectoria de la educación de adultos entre 1976 y 2016 en las comarcas de Girona. Se evalúa cómo se ha desarrollado la lucha reivindicativa, las implicaciones de los diferentes sectores sociales y la acción educativa y orientadora de los profesionales que han trabajado en la formación de adultos.

Ana Tanure, Maria da Conceição Oliveira, Graça Costa y Patricia Lessa presentan dos experiencias de proyectos de intervención desarrolladas en el máster profesional de educación de Jóvenes y Adultos (MPEJA). Mediante una investigación bibliográfica que tuvo como objetivo comprender dichas experiencias intervencionistas y sus contribuciones a la formación de docentes en el estado de Bahía, Brasil, las autoras presentan las metodologías de los proyectos y señalan la importancia del dicho máster en la formación del profesorado para jóvenes y adultos.

Meritxell Alsina nos presenta el diseño de un instrumento de evaluación de competencias para el alumnado de alfabetización inicial. Este instrumento tiene por objetivo analizar las competencias clave para llevar a cabo un proceso de aprendizaje enriquecedor con la voluntad de trabajar estas competencias a lo largo de este proceso. Nos propone una aproximación para conocer las competencias transversales que refuerzan el proceso de aprendizaje, identificar las competencias transversales que se pueden trabajar con un grupo de alfabetización inicial, y ofrecer unas pautas de trabajo para el desarrollo de éstas competencias a lo largo del proceso de aprendizaje.

Àngel Marzo y Jessica Cabezas reflexionan sobre temas claves de la formación de jóvenes y adultos de la comunidad gitana. Analizan cómo se puede respetar la identidad cultural de este grupo social y ofrecer un espacio educativo que permita un desarrollo que abra nuevos horizontes a la vez que cumpla con sus expectatives en un contexto de inclusión.

Maria Hermínia Lage nos ofrece un estudio que tiene como objetivo presentar una investigación con estudiantes jóvenes y adultos desde la escolarización inicial marcada por una "obligación social de aprender". Por medio de una investigacion de naturaleza cualitativa utilizando la técnica de grupos focales analisan los discursos de los estudiantes sobre lo que significa la relación con el conocimiento, el tiempo dedicado a las clases, las necesidades de ausencias de acuerdo con su vida cotidiana y cómo perciben que sus docentes afrontan factores como: la forma en que son acogidos en el proceso de enseñanza-aprendizaje, el establecimiento de relaciones que les ayuden a permanecer en la escuela. Los resultados señalan que la devaluación que los estudiantes de EJA hacen de sí mismos, parece que esta imagen se construye socialmente en las relaciones de estos sujetos con el mundo.

Astrid Castells expone las bases de la experiencia *La universidad en el barrio*, que es un proyecto que intenta vincular todo aquello aprendido en la universidad con el contexto real, en este caso, una escuela de educación para adultos. Con esta experiencia, se pretende que tanto los alumnos universitarios que han participado, como los alumnos de la escuela de adultos, aprendieran los unos de los otros, ofreciéndoles otras miradas educativas. El capítulo presenta el diseño del proyecto, su aplicación y qué aporta a los agentes participantes.

El conjunto de aportaciones nos permite aproximarnos a la realidad de la educación de jóvenes y adultos con enfoques cuidadosos y profundos. Y esto es de gran valor para una práctica que esta permanentemente sujeta a cambios, que tiene que adaptarse a la realidad del momento sin perder el sentido la orientación. Un sentido que se redefine en cada grupo, en cada territorio, en cada momento histórico.

SECCIÓN I

Investigación y sentido en la educación a lo largo de la vida

Políticas públicas de educação de jovens e adultos: análise às finalidades enunciadas no Brasil e em Portugal

Maria Rutimar de Jesus Belizario
Luís Alcoforado
Arminda Rachel Botelho Mourão
Vilma Aparecida Pinho

Impulsionadas pelas ideias emergentes no período do iluminismo e incorporadas, desde o século XIX, pelos governos filiados nos princípios liberais e na ética republicana, as políticas públicas de educação de adultos foram, na maior parte das vezes, o ponto de (des)encontro de um inusitado consenso de intenções políticas e de uma recorrente incapacidade para fazer valer a implementação das práticas correspondentes. Mesmo que estes consensos pudessem resultar de razões tão distintas como a administração pública, a fé, as trocas comerciais, o desenvolvimento económico, a participação cidadã e as ideias de progresso democrático e social, todos confluiam na ideia de aceitação da indispensabilidade do contributo da educação de adultos para, acreditando nas possibilidades de mudança de todas pessoas, bem como das suas diferentes comunidades (de vizinhança, profissionais, culturais...), prosseguir um caminho de garantia de uma efetiva igualdade de direitos, deveres e oportunidades. E a idade adulta era absolutamenta incontornável, porque já se demonstrava que qualquer processo transformativo imediato, a nível social, apenas poderia advir, exatamente, da ação das pessoas adultas, porque apenas elas possuíam os recursos necessários para empreender esses processos de mudança.

Se todas essas razões e motivos, que este verdadeiro movimento social (Jarvis, 2001) procurava projetar, apenas raramente levaram a caminhos conducentes a acordos generalizados, capazes de suportar a estabilidade temporal das variadas decisões políticas, ao longo dos últimos duzentos anos, as inúmeras iniciativas, que delas foram resultando, oscilaram (De Natale, 2003) entre, por um lado, atividades com orientação predominante para a consolidação da personalidade e a elevação pessoal, associadas ao fortalecimento da organização democrática e social, inspirada no respeito e incremento das liberdades subjetivas e, por outro lado, práticas de intervenção extraordinária, de caráter técnico e profissional, entendidas como instrumento de promoção e formação periódica. Os casos de Portugal e do Brasil constituem, exatamente, exemplos significativos deste segundo entendimento. Apesar de terem, ambos os países, gerado movimentos e iniciativas inovadoras e até revolucionárias de implementação e desenvolvimento de experiências educativas para pessoas adultas, as políticas públicas sempre foram, de forma muito maioritária, pensadas reativamente, para responder a défices recorrentes que, aliás, nunca conseguiram resolver. Por essa razão, ambos os países continuam a incluir nas suas preocupações a necessidade de encontrar soluções promotoras do envolvimento de públicos adultos em atividades educativas, sem, no entanto, e verdadeiramente, terem conseguido, neste subsetor das políticas públicas, os mesmos resultados e avanços que, apesar de distante do necessário e desejado e das diferenças que podem ser registadas, já foram conseguindo nos outros subsetores.

Procurando fazer um ponto da situação atualizado, este texto procura apresentar breves considerações sobre o panorama das políticas educativas para a modalidade da educação de jovens e adultos a partir das dimensões ideológicas enunciadas nas ações políticas recentes de Portugal e do Brasil. O trabalho está estruturado em dois tópicos. No primeiro, identificamos algumas manifestações da influência da globalização neoliberal nas políticas de educação de adultos em Portugal, a partir das congruências que se registam entre as políticas educacionais de Portugal e as prioridades da União Europeia, pautadas no modelo de modernização que conduz a uma formação para o trabalho ligada ao tecido produtivo, em detrimento da formação integral.

No segundo tópico, pautamos a sobrevalorização de contributos advindos do campo da ideologia neoliberal nas políticas de Educação de Jovens e Adultos (EJA) no Brasil, delineadas, em grande medida, sob a influência dos organismos internacionais. Associadas à perspectiva da competitividade económica, sobre a qual a formação para o emprego tem predominância, estando o financiamento atrelado à prioridade da modalidade da educação de adultos integrada à educação profissional, com foco na formação para a qualificação de mão-de-obra em consonância com as necessidades do mercado de trabalho, as políticas educativas de educação de jovens e adultos de Portugal e do Brasil seguem lógicas algo semelhantes, com foco na formação alinhada aos interesses dos setores produtivos.

Constata-se, portanto, que as políticas para a educação das pessoas jovens e adultas, que não tiveram acesso aos processos de escolarização, ou deles foram excluídos, não estão isentas das influências das atuais vertentes, predominantes nos centros de poder mais decisivos, que se orientam pela procura de novas formas de reestruturação do capital e de valorização da globalização económica de matriz neoliberal, visando, na maior parte das vezes, adequá-las à agenda global alinhada com as orientações dos organismos internacionais.

Finalidades da educação de adultos em Portugal

Partindo do pressuposto que a educação de adultos, ao longo de sua história, sempre acompanhou as estruturas políticas e de organização da sociedade, seja como movimento de resistência, seja para servir determinados modelos e soluções de poder, atualmente as políticas públicas educativas de adultos em Portugal encontram-se alinhadas com as orientações políticas da União Europeia, sendo estas constitutivas de uma agenda globalizada (Dale, 2004), que objetiva inspirar as diferentes práticas, nas instâncias nacionais e locais.

Ainda que num passado relativamente recente, mormente após o derrube da ditadura do Estado Novo, tenha havido uma tentativa de implantar uma política pública para a educação de adultos, pautada nos pilares da tradição da educação popular e emancipatória, num período com evidente protagonismo do movimento associativo e de estruturas representativas dos trabalhadores, definido por Canário (2018, p. 39) como "período de ouro", esta tentativa não logrou o sucesso de uma alargada permanência temporal, dando lugar a uma lógica assente no paradigma da aprendizagem ao longo da vida, a qual, como sublinha Lima (2016, p. 16) está "amplamente subordinada ao ajustamento à economia no novo capitalismo, à produtividade e ao crescimento económico, à empregabilidade e à competitividade".

Este cenário demonstra consensos e conflitos, traduzidos nas relações de força (Barros, 2013), presentes nos processos de definição das políticas públicas educativas, marcados por tensões e contradições que se articulam para influenciar, de forma mais significativa, a legislação que regula os diferentes segmentos da educação. Estas leis, não apenas ratificam os princípios constitucionais que concebem a educação como direito de todos, como também manifestam a ideologia desenvolvimentista predominante, que embasa as políticas de educação e formação das pessoas adultas. Ainda que estes princípios sejam definidos num campo de disputas e de fissuras das forças mais influentes, tem vindo a prevalecer o domínio dos que, ao longo dos anos, têm exercido o poder no estado central, resultando num recorrente alinhamento com as orientações das decisões políticas da União Europeia, que apontam, ideologicamente, para a intenção de sedimentar uma economia competitiva baseada no conhecimento e na qualificação dos trabalhadores, evidenciando-se, desta forma, uma forte presença da influência de interesses económicos na configuração das políticas educativas, a nível nacional e europeu. Esta desejada competividade procura constituir-se como uma resposta à globalização económica neoliberal, que se vem estruturando como um "conjunto de arranjos políticos e económicos para a organização da economia global, impulsionada mais pela necessidade de manter o sistema capitalista do que por quaisquer valores" (Dale, 2008, p. 19).

Então, resumindo, em Portugal, principalmente após a integração no espaço económico e político da União Europeia, as práticas educativas para pessoas adultas passaram a ser delineadas sob forte influência das opções desenvolvimentistas de reforço da capacidade competitiva das economias, valorizadas pelos diferentes organismos com verdadeira influência nos centros de decisão da União, através da negociação periódica de contratos-programa que têm vindo a garantir o financiamento e a exigir o cumprimento dos objetivos contratualizados. Tudo isto surge suportado pela abordagem de educação e formação, vertida nos documentos e nas dimensões ideológicas fundadoras da ideia de Aprendizagem ao Longo da Vida que, conforme assinala Cavaco (2016), aparece de forma bem evidente no Memorando sobre a Aprendizagem ao Longo da Vida da Comissão Europeia, do ano 2000, o qual, por sua vez, visava a efetivação das orientações elencadas no Livro Branco sobre a Educação e a Formação "Ensinar e Aprender: rumo á sociedade cognitiva", publicado cinco anos antes:

A perspectiva política da União Europeia centrada na Aprendizagem ao Longo da Vida, apresentada pela primeira vez neste documento, assenta no pressuposto que cada cidadão tem de assumir a sua responsabilidade numa aprendizagem em todos os tempos e contextos de vida, como forma de garantir a empregabilidade e a inclusão social, elementos fundamentais para se assegurar a competitividade e o desenvolvimento económico do espaço da União Europeia (Cavaco, 2016, p. 57).

Nesse sentido, ainda que o quadro legal enquadrador remeta para princípios relacionados com as convicções e as realidades nacionais, os documentos que direcionam a execução das políticas acabam por priorizar orientações externas, provenientes dos compromissos da participação europeia, presentes nos processos de negociação plurianual dos quadros comunitários. Por isso mesmo, ainda que a Constituição da República Portuguesa e a Lei de Bases do Sistema Educativo de Portugal (LBSE) se constituam como documentos referenciais da intenção de consagrar princípios incontornáveis para o desenvolvimento da educação nacional, e mesmo que tenham sido elaboradas bem antes (caso da Constituição), e no período de adesão (LBSE) à então Comunidade Económica Europeia, eles não deixaram de ter como referência a expectativa, já pressentida e enunciada, de empreender esse processo de participação, ficando, desta forma, algo modelada qualquer possibilidade de encontrar uma política nacional de educação de adultos que melhor refletisse as necessidades das pessoas e dos seus grupos de pertença. Esse contexto incorpora e impõe as mudanças decorrentes da globalização e da emergência de blocos (essencialmente económicos) transnacionais, subordinando os processos de elaboração e condução das políticas internas a instituições supranacionais. Antunes (2004; 2005) evidencia que a União Europeia é uma das entidades que desenvolve intervenções de forma abrangente, estruturando-se como um dos modelos institucionais de entidades supranacionais mais avançadas, adotando no campo das políticas sociais uma função fortemente ativa. Nas tentativas recorrentes, de tornar mais eficaz a harmonia entre as políticas nacionais e as prioridades estabelecidas pela União Europeia, as políticas de educação e formação portuguesas vão sendo, progressivamente, articuladas com novas formas de idealizar e implementar opções estratégicas "orientadas para corresponder às metas definidas em outras instâncias de governação" (Antunes, 2005, p. 131).

A fim de integrar o projeto europeu, a governação do período em que Portugal se preparava para integrar a Europa Comunitária apresentava a modernização em Portugal "como um desígnio nacional prioritário de atender, através, nome-adamente, de toda uma política reformista de abertura aos princípios de mer-cado" (Barros, 2013, p. 168). A congruência entre as políticas de educação e formação e as prioridades definidas pela União Europeia insere-se, então, num projeto mais alargado de organização das dimensões económicas, para respon-der aos desafios da globalização económica neoliberal, reforçando, numa esfera supranacional, a adesão a uma agenda para a educação que foi ganhando foros de uma estruturação à escala global (Dale, 2010).

Seguindo essa linha, a Lei de Bases do Sistema Educativo, que define a orga-nização da educação formal de Portugal, se reafirma os princípios constitucio-nais, no que à educação diz respeito, também os procura colocar em consonân-cia, primeiro, com as orientações da Comunidade Económica Europeira e, poste-riormente, com a procura do aprofundamento político e cultural, consubstanci-ado no projeto posterior de construção da União Europeia. Neste sentido, pode-mos afirmar (Lima, 2005) que, após o 25 de abril de 1974, a lógica predominante nas políticas e práticas da educação de adultos em Portugal, presente tanto na Constituição da República como na LBSE, resultou sempre muito centrada no controle social e na modernização económica, estando as práticas educativas autocraticamente centradas na prepação de mão-de-obra, visando reforçar a dimensão mais competitiva da economia, com o argumento, algo naturalizado, de que criar riqueza será sempre o passo prioritário para uma sociedade melhor. Neste sentido, a LBSE acomodou as condições para a estabilização da orientação ideológica do essencial da reforma educativa portuguesa (Lima e Guimarães, 2018), visando a implementação da lógica de um controlo social, que contri-buisse para impor uma certa ideia de modernização, de progresso e de compe-titividade, remetendo as ações de educação de adultos, no país, para um foco centrado na escolarização, e entregando o essencial das práticas, à formação profissional ligada ao mercado de emprego. Nesse sentido, a referida Lei não confere à educação de adultos uma função estratégica, mas sim uma alternativa de contributo para um modelo de um determinado desenvolvimento, investindo na importância do ensino de segunda oportunidade e da preparação para o tra-balho (Lima; Guimarães, 2018). Diante da predominância da escolarização e for-malização da educação de adultos em Portugal, Lima e Guimarães (2018) des-tacam a forma como a formação foi assumida:

> Em face de uma forte escolarização e formalização da educação de adultos, a formação profissional foi assumida como uma via autónoma e paralela, concentrando crescentes recursos financeiros, oriundos sobretudo da União Europeia, mas revelando incompatibilidades estruturais, políticas e pedagógicas com a lógica da educação popular e da educação de base que, de resto, sempre ignorou (p. 612).

A dicotomização entre escolarização e formação profissional aumenta a fragmentação da oferta educativa para o público adulto, que não teve acesso a percursos mais longos e estruturados de educação formal, reforçada com o claro desequilíbrio dos recursos financeiros disponíveis. Oriundos da Comunidade Económica Europeia (depois União Europeia) em resultado de negociações conducentes ao desenho e implementação de programas plurianuais de apoio, esses recursos financeiros, normalmente muito consideráveis, priorizaram, principalmente nas primeiras fases, a formação para a produtividade do trabalho, limitando a expressões praticamente residuais a oferta educativa para pessoas iletradas e os apoios necessários para o desejável reforço de ação dos movimentos culturais e de atividade cidadã.

É verdade que os últimos programas têm permitido uma abertura não despicienda para minorar estes recorrentes desequilíbrios. Alargando muito mais a tipologia de entidades que podem recorrer aos apoios financeiros (públicos) disponíveis, para organizar e desenvolver atividades de educação e formação, elas próprias tornadas mais flexíveis e com possibilidade de envolver públicos mais diversificados, incluindo os de muito baixa literacia, através dos cursos de competências básicas (Alcoforado e Campos, 2014), os contratos-programa têm garantido à oferta disponível, sempre numa lógica de elevação dos níveis de escolaridade e de qualificação de jovens e adultos, uma centralidade significativa, ainda que, como se viu, sempre de pendor muito unidirecionado. No caso do Programa Operacional Capital Humano (POCH), aprovado por decisão da Comissão Europeia de 12 de dezembro de 2014 e revisto em 2018, que se encontra, neste momento, na fase final da sua implementação, o Eixo 3 foi previsto para a "aumentar a qualificação ao longo da vida, promovendo melhores condições de empregabilidade, concentrando assim a sua prioridade de intervenção junto dos segmentos dos jovens e adultos sem ensino secundário completo e/ou sem qualificação profissional"[2].

No entanto, vivendo da capacidade negocial para fazer valer algumas convicções junto das estruturas europeias, os sucessivos governos nunca assumiram como tarefa prioritária a estabilização de uma política nacional, não dependente dos objetivos e dos envelopes financeiros do projeto europeu. Por isso mesmo, para que o direito à educação de adultos seja efetivado, torna-se necessário encontrar ajustes no modo como a política vem sendo assumida em relação à dependência das fontes comunitárias, tal como assinalam de Alcoforado, Vieira e Moio (2017, p. 35).

Para se dar efetiva prioridade e importância à educação e formação de adultos importa que o financiamento deixe de depender quase exclusivamente de fontes comunitários, alocando-lhe recursos nacionais, de forma a garantir a continuidade e a estabilidade das políticas e das intervenções. De facto, os incentivos comunitários são importantes para colocar o tema na agenda política, mas as estratégias de longo prazo não devem depender de contratos-programa de curta duração, pois o principal objetivo dos incentivos comunitários é demonstrar a importância dos setores apoiados para que os países os entendam como estratégicos e lhes deem prioridade nacional.

Quanto maior e melhor aplicado for o financiamento da educação de adultos por meio de fluxos contínuos, previstos nos orçamentos de estado do país, maior será a probabilidade de as ações concernentes a este segmento também revelarem estabilidade, o que não será possível sempre que tais ações sejam reduzidas a programas de duração definida, sob tutela de organismos transnacionais, que condicionam o financiamento da educação ao cumprimento de metas alinhadas aos seus interesses.

É exatamente esta a realidade que pode ser identificada nas opções de políticas educativas de adultos presentes nos Programas de Governo em Portugal. Partindo das possibibilidades previstas nos contratos-programa negociados com a União Europeia, a política de Educação de Adultos em Portugal pode ser estruturada com base nas intenções políticas plasmadas nos Programas de Governo,

---

[2] Disponible en: https://www.poch.portugal2020.pt/pt-pt/Apoios/Paginas/eixo-3-aprendizagem-ao-longo-da-vida.aspx.

sendo que o Programa do XXI Governo Constitucional, para o período de 2015 a 2019, assentava, como é natural, na estratégia de reafirmar o impulso e a convergência entre os interesses nacionais e da União Europeia. Acompanhando o que se enunciava nesse Programa, podemos ler que a "crise financeira global e posteriores erros de política económica" na Europa eram apontados como os causadores do desemprego (Portugal, 2015, p. 27). Seguindo um pouco mais esse programa[3], que nos parece bem elucidativo da análise que pretendemos fazer, fica explícita a ideia de que esta crise é decorrente da falta de reforço da coesão, o que contribuiu para o alargamento das dicotomias na economia. Diante desse contexto, o Governo apresentava como prioridade, para diminuir a instabilidade económica e social, o esforço de participar na construção decisiva de uma política económica comum. E, no âmbito das finanças públicas, visando a evolução da estabilidade macroeconómica e orçamental, explicitava a conexão entre o financiamento advindo da União Europeia e o incentivo à competividade das economias, por meio da governação compartilhada, acentuando que a atenção deveria ser direcionada "aos períodos de realização de reformas estruturais ou de investimento tendente a favorecer as condições de competitividade das economias europeias, nomeadamente quanto à consideração da comparticipação nacional dos investimentos suportados por fundos provenientes da própria União Europeia" (Portugal, 2015, p. 29).

Nesse delineamento dos investimentos, com foco no relançamento da economia e do emprego pela via da comparticipação, o investimento na Educação de Adultos e Formação ao Longo da Vida integrava as prioridades do Governo Português, visando a qualificação das pessoas adultas ativas, cuja justificativa tem como base o diagnóstico dos problemas referentes à qualificação das mesmas. Assim, o Programa do XXI Governo Português apresenta o diagnóstico, a partir do qual justifica as suas prioridades na qualificação dos portugueses e delineia as suas ações (Portugal, 2015).

A continuidade das intervenções públicas neste domínio é um elemento crucial para a redução do défice das qualificações, bem como a melhoria contínua da

---

[3] Entretanto houve novas eleições legislativas de que resultou o XXII Governo do mesmo partido político e, em geral, com um apoio parlamentar muito semelhante ao XXI. Como este Governo está agora a negociar um novo contrato-programa e o essencial das orientações ideológicas não se alteraram, pareceu-nos melhor focar a nossa análise no programa de 2015 a 2019.

qualidade dos processos de educação-formação de adultos. É, pois, com este propósito que se assume um objetivo fundamental para restabelecer a educação de adultos e superar um dos mais graves défices nacionais (Portugal, 2015, p. 112).

Tendo como base o diagnóstico que apresenta os problemas na qualificação das pessoas ativas cujas competências são tidas como inadequadas às transformações das economias, no cenário global, o Programa do Governo Português aponta, como uma das prioridades das suas ações, a qualificação, objetivando a melhoria da qualidade da educação e formação de adultos. No entanto, esta melhoria está diretamente relacionada com o ajuste das competências ao tecido produtivo em escala global, ligando a educação de adultos à concorrência das economias, priveligiando o financiamento à formação para o emprego em detrimento das demais dimensões da formação humana.

Esta integração (talvez pudessemos dizer sujeição) da educação à formação profissional, com foco na qualificação para o emprego, sob o viés ideológico da competitividade da economia, vem constituindo os pilares das políticas de educação de jovens e adultos, nos mais diferentes países, ainda que com variadas configurações.

As políticas educativas da modalidade da educação de jovens e adultos no Brasil

As políticas públicas de educação no Brasil, especialmente a partir da reforma do Estado na década de 1990, que rescinde nas reformas educacionais, são definidas sob forte influência dos organismos internacionais, especialmente do Fundo das Nações Unidas para a Infância (UNICEF), do Banco Mundial (BM), da Organização Mundial do Comércio (OMC) e da Organização para a Cooperação e Desenvolvimento Económico (OCDE). No campo da educação de jovens e adultos, particularmente nos discursos e textos enquadradores, existe uma indisfarçável tentação de manter algum alinhamento com o pensamento e a ação da Organização das Nações Unidas para a Educação, a Ciência e a Cultura (UNESCO).

Essa influência, no entanto, não tem contribuído decisivamente para sedimentar as possibilidades de uma política pública de Estado, estimulando o desenvolvimento de uma política compensatória e assistencialista e potenciando desiquilíbrios na correlação de forças que abrange o campo de disputa nos processos de definição das políticas educativas, para a modalidade de Educação de Jovens e Adultos (EJA). É neste cenário de correlação de forças que são formulados os marcos legais e operacionais da EJA no Brasil. A Constituição da República Federativa do Brasil de 1988, promulgada num contexto de efervescência dos movimentos sociais pela redemocratização do país na década de 1980, traduzida nas lutas pelas conquistas de direitos, integra a educação aos direitos sociais, consagrando-a como direito de todos. Esta Constituição considerou no seu texto original a necessidade da garantia da eliminação do analfabetismo e do acesso ao ensino fundamental das pessoas jovens e adultas fora da idade convencionada como idade própria (Belizario e Pinheiro, 2018).

Todavia, o reconhecimento da educação como direito de todos, na Constituição Federal Brasileira, não incidiu com proporções semelhantes no financiamento da EJA. Elaborada num contexto de reformas alinhadas à matriz neoliberal, a Emenda Constitucional n° 14 de 1996 insere no texto original da Constituição de 1988 a primeira alteração relevante, no que tange ao direito à educação e seu financiamento (Ximenes e Adrião, 2018). É por meio desta Emenda Constitucional, "instrumento fundamental da reforma educacional realizada nas gestões de Fernando Henrique Cardoso" (Carvalho, 2014, p. 636), que o Fundo de Manutenção e Desenvolvimento do Ensino Fundamental e de Valorização do Magistério (FUNDEF) é criado. Esse governo subordinou as políticas aos organismos internacionais, "gestores da mundialização do capital e dentro da ortodoxia da cartilha do credo neoliberal, cujo núcleo central é a idéia do livre mercado e da irreversibilidade de suas leis" (Frigotto e Ciavatta, 2003, p. 103).

Conforme destacam Costa e Machado (2017, p. 125), referindo-se ao FUNDEF, foi "vetada a possibilidade de inclusão do quantitativo de alunos do supletivo, ou da matrícula da Educação de Jovens e Adultos, para destinação dos recursos". As regras estabelecidas por este Fundo não contemplaram a EJA, concorrendo para secundarizar esta modalidade de ensino, revelando o lugar desprivilegiado que ocupa nas políticas públicas educativas do Brasil.

Nesse contexto de reformas educacionais condizentes com as reformas de matriz neoliberal, culminando com o desmantelamento de compromissos firmados na Constituição Federal, que "correspondeu às demandas para a inserção do país, de forma associada e subalterna, no atual quadro hegemônico mundial" (Rummert e Ventura, 2007, p. 31) cabe destaque para a Lei de Diretrizes e Bases da Educação Nacional (LDB), de 1996, a qual recomenda a organização e a oferta da EJA por meio de cursos e exames. É a partir dessa Lei que a EJA passa a ser concebida como modalidade de ensino nas etapas do ensino fundamental e médio da educação básica, destinando-se "àqueles que não tiveram acesso ou continuidade de estudos nos ensinos fundamental e médio na idade própria e constituirá instrumento para a educação e a aprendizagem ao longo da vida" (LDB, Brasil, 1996, artigo 37º).

A aprendizagem ao longo da vida é uma conceção de educação de adultos que vem sendo incorporada, tanto pelas Diretrizes de Portugal, como pelas do Brasil, ainda que de forma mais expressiva no primeiro país. Os documentos resultantes da Conferência Internacional de Educação de Adultos (CONFINTEA) elucidam como a conceção de educação de adultos vem sendo reconfigurada, ao longo dos 50 anos de Conferências promovidas pela UNESCO. O significado que mais se tem destacado é o que traduz os processos de ajuste das políticas económicas, desfocadas do viés humanizador, ainda que o campo de luta pelo direito à educação de adultos, no âmbito internacional, venha ocupando espaço desde a I CONFINTEA, realizada em 1949, na Dinamarca (Paiva, 2009).

Nesse aspecto, os impactos dos processos de reestruturação produtiva repercutem na configuração da modalidade da educação de jovens e adultos. Di Pierro e Haddad (2015, p. 214) apresentam como uma das linhas de forças nas transformações da EJA, nos últimos anos no Brasil, "o predomínio de uma leitura instrumental do que seja a aprendizagem continuada ao longo da vida que, visando à competitividade econômica, busca atender (inclusive mediante estratégias privatistas) exigências de qualificação para o mercado de trabalho", desconsiderando o direito universal à aprendizagem e a formação global numa perspetiva emancipatória e humanizadora.

Frente a essa conjuntura, os descompassos que inviabilizam a efetivação da EJA como direito, bem como o seu desenvolvimento à luz de uma educação humanizadora se desdobram-se em outros tipos de negação, a exemplo do financiamento, como mencionámos anteriormente, a respeito do veto presidencial que excluiu as matrículas da EJA do cálculo geral das matrículas contempladas pelo FUNDEF, em 1996, no mesmo ano em que a EJA foi concebida como modalidade da educação básica na LDB, repercutindo as profundas mudanças no cenário político brasileiro, marcado pela forte adesão aos princípios neoliberais.

A modalidade EJA passou a ser beneficiada com os recursos do Fundo de Manutenção e Desenvolvimento da Educação Básica e Valorização dos Profissionais da Educação (FUNDEB), criado em 2006, com validade até o final deste ano de 2020. Este Fundo substituiu o FUNDEF, ampliando o atendimento para toda a Educação Básica, incluindo as modalidades de ensino. O FUNDEB foi instituído durante o governo de Luís Inácio Lula da Silva, o qual na análise de Antunes (2005) apontava para um início da "desmontagem da fase neoliberal", constatando-se, porém, que os fatores de "continuidade" transcenderam os elementos de "descontinuidade" (Antunes, 2005). Nesse sentido, o FUNDEB não significou a eliminação do caráter secundário a que foi submetida, no âmbito das políticas educacionais, pois se comparada às etapas da educação básica, a EJA é a que recebe menor percentagem de recursos, revelando a urgente necessidade de isonomia de financiamento para esta modalidade (Carvalho, 2014).

Nesse universo de avanços e retrocessos, cabe destaque para a extinção da Secretaria de Educação Continuada, Alfabetização, Diversidade e Inclusão (SECADI, anteriormente SECAD, criada em julho de 2004), órgão responsável pelas políticas públicas da modalidade EJA ligada ao Ministério da Educação. A extinção da SECADI, pelo atual Presidente da República, Jair Bolsonaro, o qual, juntamente com o Ministro da Economia, representam o acirramento da implantação das políticas neoliberais no Brasil, aumenta o deserto de incertezas e de desafios para o qual o campo da educação de jovens e adultos no Brasil está sendo submetido.

É possícel inferir, portanto, que as políticas educativas para a modalidade da educação de jovens e adultos estão situadas no contexto das transformações decorrentes das mudanças que abrangem as estruturas económicas alinhadas a opções políticas de identificação neoliberal. Por outro lado e mesmo no quadro dessa conjuntura, ainda que não se tenha efetivado como uma política pública de Estado, principal bandeira de luta dos movimentos sociais, especialmente dos Fóruns de Educação de Jovens e Adultos, que militam em prol da educação das pessoas jovens e adultas, é salutar relembrar que os avanços conquistados no campo da EJA, seja no reconhecimento do direito preconizado pela Constituição Federal e na definição como modalidade da educação básica pelas Diretrizes e

Bases, seja no âmbito do financiamento, ainda que ínfimo, foram conquistas resultantes das manifestações de força conseguidas através da forte presença e ação dos movimentos sociais.

Considerações finais

As aproximações entre as dimensões ideológicas das políticas de educação de jovens e adultos de Portugal e do Brasil podem ser delineadas a partir de elementos comuns de preocupação com um entendimento de desenvolvimento económico, que se enquadra num alinhamento pouco crítico e refletido com a globalização económica capitalista de matriz neoliberal, que coloca na competitividade pouco regulada das formas de produção e dos mercados, o essencial da sua lógica de atuação. Estas opções tendem a reduzir o papel da educação de pessoas adultas a uma lógica de intervenção extraordinária, de escolarização e formação profissional, com o objetivo central de incrementar as qualificações. No que concerne a Portugal, essa lógica é evidenciada especialmente com o projeto de modernização, sobre o qual o país pauta a sua integração na União Europeia, definindo as políticas educacionais em conformidade com as prioridades estabelecidas na lógica de construção desse bloco de países, ainda demasiado configurado pelos interesses económicos mais imediatistas.

Nesse aspeto, as políticas estão conetadas com interesses e decisões supranacionais, configurando uma agenda global para a educação, que regula os instrumentos legais organizadores da oferta de educação e formação de adultos, condicionando o financiamento ao cumprimento de metas muitas vezes distantes da realidade nacional. As metas de formação, com foco na qualificação para o emprego, acabam normalmente por se ver alinhadas com os elementos constitutivos das ideias de mobilidade, produtividade e competitividade à escala global.

Seguindo essa lógica, as manifestações da ideologia mais alinhada com as manifestações do neoliberalismo global nas políticas de EJA no Brasil são identificadas, sobretudo, no modo como é definido o financiamento da EJA, na medida em que tende a priorizar a ligação da modalidade a lógicas de promoção social e de aumento de desempenho no trabalho. Sob a influência dos organismos internacionais, principalmente do Banco Mundial, nomeadamente a partir da década de 1990, situada no contexto de transformações que abrangem as estruturas económicas, as políticas educativas passam a visar, de forma mais evidente, a competitividade económica sob o domínio da conceção da aprendizagem ao longo da vida.

As dimensões ideológicas que realçam o viés da infuência da globalização neoliberal sobre as políticas de educação de jovens e adultos de Portugal e do Brasil acentuam a as dificuldades de articulação entre educação e formação, sobrevalorizando o caráter da competitividade que influencia a elaboração de políticas, levando-as a manter algum distanciamento com a necessidade de reforçar uma formação global mais voltada para o desenvolvimento pessoal e o fortalecimento da participação social e cidadã.

Poderá também dizer-se, em consequência, que as incongruências das políticas públicas de educação de jovens e adultos não residem, por si só, nos objetivos de educação e formação para um melhor desempenho das atividades laborais e para a transformação dos ambientes profissionais, mas, principalmente, no afunilamento das práticas numa lógica de aumento da produtividade do trabalho, inviabilizando a compreensão holística dos processos que o envolvem e, em particular, não concebendo as pessoas adultas na sua totalidade, como pessoas em ação, que, por isso mesmo, integram dimensões cognitivas e emocionais, projetos e utopias e, o que será mais relevante, a ambição de construir sociedades mais justas e igualitárias, onde todos/as tenham, verdadeiramente, os mesmos deveres, direitos e oportunidades, no trabalho e na vida.

Referencias

Alcoforado, J., Vieira, C. y Moio, I. (2017). Revisitando as Políticas de Educação e Formação de Adultos dos Últimos 20 Anos em Portugal. In T. R. Dantas, M. H. L. Laffin, e A. A. A. Agne (Orgs). *Educação de jovens e adultos em debate: Pesquisa e formação*, p. 17-40. Curitiba: CRV.

Alcoforado, L. y Campos, M. (2014). Formação para a inclusão: reflexões a partir do programa de competências básicas para jovens e adultos, em Portugal. In M. F. Silva & G. C. L. Silveira (Eds.), Na Busca da *Educação, da Ética e do Conhecimento*, p. 51-80. João Pessoa: Ideia.

Antunes, F. (2004). Novas Instituições e Processos Educativos: a educação e o modo de regulação em gestão. Um estudo de caso em Portugal. *Educação & Sociedade*, 25 (87), 481-511.

Antunes, F. (2005). Globalização e europeização das políticas educativas: percursos, processos e metamorfoses. *Sociologia, Problemas e Práticas*, 47, 125-143.

Antunes, R. (2005). Governo Lula e a desertificação neoliberal no Brasil. *Revista Resistir.* Info. Disponível em: resistir.info/ brasil/r_antunes_jan05.html.

Barros, R. (2013). *As políticas educativas para o sector da educação de adultos em Portugal: as novas instituições e processos educativos emergentes entre 1996-2006.* Lisboa: Chiado.

Belizario, M. y Pinheiro, M. (2018). *Revista Cocar,* 12 (24), p. 395-420. Disponível em: http://páginas.uepa.br/seer/index.php/cocar.

Brasil, (1988). Constituição da República Federativa do Brasil de 1988. Disponível em: http:///www.planalto.gov.br.

Brasil, (1996). Emenda Constitucional n° 14, de 12 de setembro de 1996. Disponível: http:///www.planalto.gov.br.

Brasil, (1996). Lei n° 9.394, de 20 de dezembro de 1996. Estabelece as diretrizes e bases da educação nacional. Disponível em: http:///www.planalto.gov.br.

Canário, R. (2018). Trabalho e educação de adultos em Portugal: uma perspetiva histórica de 1945 à Revolução dos Cravos. Sociologia: *Revista da Faculdade de Letras da Universidade do Porto* (36), 31-50.

Carvalho, M. (2014). O financiamento da EJA no Brasil: repercussões iniciais do Fundeb. *Revista Brasileira de Política e Administração da Educação,* 30(3), p. 635-655.

Cavaco, C. (2016). Políticas públicas de educação de adultos em Portugal – a invisibilidade do analfabetismo. *Laplage Em Revista,* 2 (1), 51-62.

Costa, C. y Machado, M. (2017). *Políticas públicas e Educação de Jovens e Adultos no Brasil.* São Paulo: Cortez.

Dale, R. (2004). Globalização e educação: demonstrando a existência de uma "Cultura Educacional Mundial Comum" ou localizando uma "Agenda Globalmente Estruturada para a Educação". *Educação & Sociedade,* 25(87), 423-460.

Dale, R. (2008). A globalização e o desenho do terreno curricular. *Revista Espaço do Currículo,* 1 (1), 12-33.

Dale, R. (2010). A sociologia da educação e o Estado após a globalização. *Educação & Sociedade,* 31(113), 1099-1120.

De Natale, M. (2003). La edad adulta, uma nova etapa para educarse. Madrid: Narcea.

Di Pierro, M. y Haddad, S. (2015). Transformações nas políticas de educação de jovens e adultos no brasil no início do terceiro milênio: uma análise das agendas nacional e internacional. Cedes, 35 (96), 197-217.

Frigotto, G. y Ciavatta, M. (2003). Educação básica no Brasil na década de 1990: subordinação ativa e consentida à lógica do mercado. *Educação & Sociedade,* 24 (82), 93-130.

Ianni, O. (2001). *Teorias da globalização.* Rio de Janeiro: Civilização Brasileira.

Jarvis, P. (2001). Adult Education, an ideal for Modernity? In P. Jarvis (Ed.), Twentieth Century Thinkers in Adult & Continuing Education, p. 1-11. Londres: Kogan Page.

Lima, L. (2005). A educação de adultos em Portugal (1974-2004): Entre as lógicas da educação popular e da gestão de recursos humanos. In R. Canário e B. Cabrito (eds.) *Educação e Formação de Adultos: mutações e convergências*, p. 31-60. Lisboa: Educa.

Lima, L. (2016). A EJA no contexto de uma educação permanente ou ao longo da vida: mais humanos e livres, ou apenas mais competitivos e úteis? In: P. G. S. Nacif, A. C. Queiroz, L. M. Gomes e R. G. Rocha (Orgs). Coletânea de textos Confintea Brasil+6: tema central e oficinas temáticas, p. 15-25. Brasília: MEC.

Lima, L. y Guimaraes, P. (2018). Lógicas políticas da educação de adultos em Portugal. Cafajeste. Pesqui, 48 (168), p. 600-623.

Paiva, J. (2009). Os sentidos do direito à educação de jovens e adultos. Petrópolis, RJ: DP et Alii; Rio de Janeiro: FAPERJ.

Portugal (2015). Programa do xxi Governo.

Rummert, S. y Ventura, J. (2007). Políticas públicas para educação de jovens e adultos no Brasil: a permanente (re)construção da subalternidade - considerações sobre os Programas Brasil Alfabetizado e Fazendo Escola. *Educar em Revista* (29, 29-45.

Ximenez, S. y Adrião, T. (2018). 30 anos da Constituição Federal: Democracia e Direito à *Educação. Educação & Sociedade*, 39 (145), 817-822.

Educación-emancipación popular, precariedad y practicabilidad de la vida

Pep Aparicio Guadas

Lectoescritura del mundo y lectoescritura de la palabra en las iniciativas educativas, socioculturales...

Tras aceptar el reto de pensar y empalabrar sobre el compromiso y las experiencias de la praxis en las iniciativas educativas, socioculturales... y decidir ponerme en juego –a pesar de rebelarme contra los procesos de autoformación que las estructuras neoliberales intentan forjar a gran escala, introduciendo las dosis y variables adecuadas de precariedad, inseguridad...-, rememoré, por una parte, las primeras ocasiones en las que había realizado estas acciones educativas y, por otra, los trabajos co-efectuados en diferentes seminarios, grupos de trabajo colectivo... los últimos años que, en cierto modo, ponían en pie y/o en cuestión algunas de las cuestiones relativas a esta temática, y que ahora pongo en palabras.

...entre lo inédito viable y lo posible creativo

Después de las palabras... tiernas o airadas, pero siempre plurales, apasionadas y, sobre todo, amorosas, nos queda la inspiración, la sabiduría, la cre-acción singular y común que las mujeres y los hombres hemos sido capaces de poner en pie y/o en cuestión, plantándose o estando de pie, como nuestro amigo Lluís M. Xirinacs nos mostró a lo largo de su vida plena, en el aula y en casa, en la iglesia y en el partido, en la calle o en la plaza..., junto con otras mujeres y hombres, para hacer posibles y reales, un tiempo –aquí y ahora, auténtico y mundano que acontece en la cotidianidad del quehacer educativo- y un espacio que promueven-proporcionan-conciben-generan-... –ahora y aquí los procedimientos y lugares que devuelven el sentido a la acción educativa y formativa y hacen proliferar la pasión por la educación, por la libertad, por la democracia...-; unas prácticas educativas de libertad, siempre amasadas con sus y nuestras manos, entre risas y perplejidades, entre palabras dichas-escuchadas y palabras escritas-coloreadas en las pizarras blancas o verdes...; *entre*: un espacio-tiempo donde es posible el devenir de la libertad, el devenir minoritario de las personas educandas y educadoras... donde está presente y en potencia un aprendizaje y un diálogo dialogal, donde emergen pletóricas la responsatividad y el compromiso, donde late la acción que, en el momento, y después, será palabra y conocimiento; una acción que, cada vez, es más necesaria, que no requiere de simulacros ni de sucedáneos –más o menos mediados por tecnologías digitales, duras o blandas que, en sí mismas ya, en cierto modo, determinan la acción- pues como afirma Isabell Lorey *"el trabajo basado en la comunicación no produce tanto un producto como una 'actividad sin obra'(*Paolo Virno*).En este modo de producción tendencialmente sin producto, no se fabrican cosas materiales en el sentido clásico, sino que en el mismo surgen socialidades (...) En este entrelazamiento de la producción y la socialidad, tanto el trabajo como la vida social se tornan altamente precarios"*[4] y, esta perspectiva de la precarización que atraviesa la acción recíproca de los hombres y las mujeres entre sí y luchando por introducir transformaciones y mudanzas en los procesos educativos, políticos..., hoy es casi totalmente ausente de las iniciativas y de los centros educativos de formación de personas adultas hoy: formales, no formales e informales, que solo de manera superficial, efímera y quizás intrascendente, abordan una análisis de estas cuestiones y además consideran que esta acción sucede como actividad-vivencia que neutraliza-impide las acciones de cre-acción-emancipación y de transformación, mientras que lo que requerimos es una acción-acontecimiento que reviva-viabilice habitar y recuperar el sentido de la educación, de la ciudadanía, de la vida..., traspasados por la vulnerabilidad y la precarización, conciban-generen *"un sentir como eje articulador del proceso educativo (...) si queremos dar sentido a la educación, el sentimiento, la intuición, la emoción, la percepción connotativa es el camino a seguir. Todo lo que la persona haga debe tener sentido para ella (...) el sentido no se traspasa, ni se enseña; el sentido se construye, se hace y rehace en un proceso de descubrimiento y enriquecimiento permanentes"*[5] y, con él, la potencia-posibilidad real de reinvención de las rela-

---

[4] Lorey, I. (2016). *Estado de inseguridad.* Madrid: Traficantes de sueños.
[5] Gutiérrez, F. (2011). *Conversar de conversar. Implicaciones educativas del paradigma emergente.* Publicaciones del Instituto Paulo Freire. Xàtiva.

ciones-mediaciones, de la autoorganización de los procesos, proyectos y programas a implementar, resignificando la educación, la ética, la política..., en definitiva, resignificando la vida en un proceso que, como Francisco Gutiérrez nos mostró y/o compartió, es *"un personal-irse-haciendo-en el aprendizaje del conocimiento, idiogenomatesis"*[6] la definió, donde el ser humano es creador, actualizador y realizador de su propio ser, en las situaciones-en-contexto en las que desarrolla sus interacciones y sus compromisos.

Y lo hacemos con unas prácticas educativas de libertad[7] donde la dialógica dialogal que conllevan, entre otras variables, niegan el movimiento despotenciador, al que aludíamos anteriormente, con un tiempo-espacio de resistencia, que es la única manera de proceder constituyentemente, tensando los procesos de subjetivación y dando paso a los períodos de cre-acción, de promoción y materialización de ciudadanía, real y posible, sin producir artificialmente y/o de manera experimental ninguna sustitución de las personas educandas, sin manipulación ni colonización, sin definición-establecimiento de falsas comunidades de aprendizaje que solo buscan neutralizar y/u obstaculizar los procesos de subjetivación que conllevan las prácticas educativas de libertad y que, además, posibilitan la irrupción de las personas educandas y educadoras como ciudadanía, mediante una hibridación del actuar-pensar-actuar, en estas experiencias de educación popular, emancipadora, ciudadana y dialógica, que suscitan e implican, a la par, un audaz y valiente compromiso político –procesos de subjetivación: singulares, comunes, colectivos...; acciones de resistencia y cre-acción...; movimientos de masas...– Compromiso político que siempre es el momento más alto de la ética, que concibe y genera unas políticas de la experiencia y del cuerpo, unas políticas del lenguaje, unas políticas del deseo, unas políticas del aprendizaje... que no dependen del objeto ni de los sujetos sino que emergen-confluyen 'entre', constituyen, transforman... a las personas educadoras y educandas en unos procesos que son de exposición-mostración y de promoción de nuevas subjetividades[8] ya

---

[6] Gutiérrez, F. (1975). *Pedagogía del lenguaje total.* Litografía Caribe. San José: Costa Rica.
[7] Ver 'Estudio preliminar' en: Mayo, Peter (2014). Práctica *de la práctica. Compromiso y libertad en las experiencias emancipadoras.* Publicaciones del Instituto Paulo Freire de España. Xàtiva.
[8] Ver: 'Educación, acontecimiento y praxis. Algunas notas para conversar con Francisco Gutiérrez. En: *La educación como praxis política.* Francisco Gutiérrez Pérez. L'Ullal Edicions-Diálogos-Instituto Paulo Freire. 2011.Xàtiva.

que *"educar,* nos indica Marina Garcés, (...) *es iniciar a otro en este desplazamiento. Mover, sacudirlo, seducirlo, arrancarlo del que es y cree ser, de lo que sabe y cree saber. Por eso la relación de la filosofía con la educación es a la vez violenta y fecunda: violenta porque ataca de raíz el constituido. Pone en cuestión lo que somos y lo que sabemos, lo que valoramos y lo que pretendemos. Fecunda, porque abre nuevas relaciones, nuevas maneras de ver y de decir, allí donde solo se podía perpetuar la existente."* [9]

Dar a leer-escribir un mundo, darlo a luz, a través del proceso de vivir, singular y común, en el que el horizonte de lo posible-viable llega a una realidad tangible que vamos configurando y constelando en las prácticas de libertad: educativas, éticas y políticas, plenamente inmersas en el cotidiano práxico educativo de libertad que las mujeres y los hombres disponemos de planificar, a dialogar... a luchar... a instituir... en un horizonte y una dinámica que atiende, por ejemplo, lo que nos detalló Francesc Ferrer i Guàrdia hace ya cien años: *"Si la clase trabajadora se liberara del prejuicio religioso y conservara el de la propiedad, tal cual existe hoy; si los obreros creyeran cierta la profecía que afirma que siempre habrá pobres y ricos; si la enseñanza racionalista se limitara a difundir conocimientos higiénicos y científicos y preparara solo buenos aprendices, buenos dependientes, buenos empleados y buenos trabajadores de todos los oficios, podríamos muy bien vivir entre ateos más o menos sanos y robustos, según el escaso alimento que suelen permitir los menguados salarios, pero no dejaríamos de encontrarnos entre esclavos del capital."* (1 mayo 1907) [10]

...con los oprimidos en tardía radiante alianza

Organizarse y/o instituir itinerarios formativos-prácticas educativas de libertad e investigar, con la gente y desde la situación-en-contexto de cada una de las personas educandas y educadoras que participan en el proceso de aprendizaje y de investigación, es ahora una de las más acuciantes necesidades, por ejemplo, el maestro y dibujante Tonucci, que ahora de nuevo surge, abracadabra, de su

---

[9] Garcés, M. (2016). *Filosofía inacabada.* Galaxia Gutenberg. Barcelona.
[10] Ferrer i Guàrdia, F. (1960). *La escuela moderna.* Solidaridad: Montevideo.Citado en: Palacios, J. (1978). Cuestión Escolar. Barcelona: Laia.

invisibilidad, hablaba de procesos de co-investigación en el ámbito de la educación infantil, apropiándose y poniendo en juego, las singulares y potentes propuestas, acciones, desplazamientos y rupturas políticas, sociales, educativas... del operaismo autónomo, la gran aportación italiana junto con el feminismo de la diferencia, al acerbo revolucionario del siglo XX/XXI que nosotros enlazamos y ligamos con las poderosas aportaciones sociales, educativas... latinoamericanas: la educación emancipadora y popular freireana, la investigación participativa, la audaz contribución de la sistematización de experiencias...

¿Cómo no puede ser real y posible realizar estos dos movimientos antes aludidos en cualquiera de las modalidades y ámbitos de la educación y la formación permanente? Cómo no escoger –distinción y elección y decisión- replantear esta doble opción-decisión, plenamente educativa, ética y política, pues estas variables están plenamente relacionadas, entre ellas y con cada uno de nosotros, y arrojarla, como semilla de ciudadanía, antagonista y libre, que solo necesita la tierra, el abono y el cuidado que deberíamos poner en marcha, nosotros los educadores, en conjugación-cooperación-constelación con las personas educandas, *"ya que la oportunidad revolucionaria no se espera, se toma; no llega, sino que está ya aquí, en el tiempo heterogéneo y lleno (...) No esperar las señales de los tiempos, sino crearlas. Porque las señales no permiten ver el evento, sino que las señales son el evento"*[11] en la praxis cotidiana educativa, ética y política y, es desde esta perspectiva-dinámica subalterna y subsidiaria que quisiéramos incidir: *en la educación* –ahora que soplan unos vientos hirientes, orientadores de una falsa *innovación* siempre supeditada a un autoritarismo sin autoridad y a un dialogismo sin dialógica real y fehaciente que cierra los procesos de aprendizaje actuales en unas perfectas jaulas de palabras oxidadas y de acciones sin ningún horizonte de emancipación... -; y *en las políticas* de cualquier signo y ámbito ahora que solo responden a intereses particulares y privativos olvidando las mujeres, las personas recién llegadas, las personas jóvenes y adultas... a pesar de los discursos y las actividades regulatorias que pedagógicamente se extienden a cualquier campo de actuación viviente sin que nunca pase nada...; y, mientras, desde la educación, desde las políticas... persiste el afán colonizador de la

---

[11] Tronti, M. (2016). *La política contra la historia*. Madrid: Traficantes de Sueños-Instituto de Altos Estudios Nacionales.

ciudadanía: psicológico y cultural, político y ético, educativo y social... con una educación bancaria-precaria, des-esperanzada, des-emancipadora... que hace que situamos a las personas jóvenes y adultas y, además, nos sitúa a nosotros, en un horizonte sin acontecimientos reales, en un simulacro que seduce y/o domina las experiencias, aún en su pobreza, y que nos inhabilita para efectuar prácticas educativas de libertad que conjuguen y/o superen, a la par, la división entre el ámbito del trabajo, del intelecto y de la praxis en el cotidiano educativo, sociopolítico... siempre en la presencia-exposición de las y los otros.

En un movimiento dual de descolonización y/o des-dominación que produce y afecta el acto de educar cotidianamente compromete cualquiera de las iniciativas de educación permanente –desde las metodologías que promueven, facilitan y crean las oportunidades y probabilidades de transformación y/o mudanza de los educadores y educandas hasta las situaciones-en-contexto que fabricamos, de manera dialógica, relacional, emancipadora... pasando por el resto de mujeres y hombres, del mundo...- y así realizar unas acciones múltiples de anuncio-pronunciamiento, antagonistas, de producción y/o cre-acción, útiles-inútiles, y para proporcionar estas potencialidades cre-activas y/o generativas requerimos de: abrir posibilidades educativas y de vida que antes no han estado presentes; configurar las iniciativas y centros públicos de educación permanente como escuelas ciudadanas, como unos espacios-tiempo de libertad donde el afloramiento y/o circulación de la palabra posibilite-inaugure un orden democrático, crítico, dialógico y emancipador; significar las situaciones-en-contexto y elaborar nuevos significados con viejos elementos, o no, operando resignificaciones y reproblematizaciones.

Cómo no recordar el momento inicial de estar de pie en medio de un aula, de una plaza, de una sala... permanecer plantado, y tener la sensación de perenne soledad compartida solo acompasada por el afecto de las personas jóvenes y adultas que precisas observan lentas tu imaginario ponerte a la espalda el mundo, la angustia, la ignorancia... que se activan ante las personas educandas y/o educadoras con las que inicias el diálogo y la alianza, la organización y la reflexión, la asociación y el camino... de repente, todas estas sensaciones desaparecen ante la profunda y viva mirada de las personas desventuradas, de las personas perseguidas y silenciadas... pero en ese preciso y precioso instante *"el subjecte que parla és un subjecte –ja ni tan sols diria polèmic- bel·ligerant"*[12], en pública alianza, y los afectos, las caricias, la proximidad y el contacto... es decir, la perspectiva y dinámica dialógica y dialogal, emancipadora y liberadora... en las prácticas educativas de libertad, emerge y otorga sentido y significación al acto de conocer, al acto de aprender, a la acto-oficio de enseñar-mostrar... que, en definitiva, es un gesto pleno y fecundo, es una acción de librarse del poder y de acentuar la potencia, con diferentes intensidades, así como de introducir la novedad en el mundo, natalidad, y el acogimiento, variables todas ellas profundamente antiautoritarias y descolonizadoras en la cotidianidad educativa, ética y política y, a la vez, como señala Michel Foucault, *"mostrar com són les relacions de sotmetiment efectives les que fabriquen súbdits (...) mostrar com els diferents operadors de dominació se sustenten els uns en els altres, remeten els uns als altres, en alguns casos es reforcen i convergeixen, en altres casos es neguen o tendeixen a anul·lar-se (...) Però jo crec que aquests funcionen sempre sobre la base d'aquests dispositius de dominació (...) Com actuen, com es sustenten, com aquest aparell defineix un cert nombre d'estratègies globals, a partir d'una multiplicitat de sotmetiments (el del nen a l'adult, de la progenitura als pares, de l'ignorant al savi, de l'aprenent al mestre, de la família a l'administració, etc.). Tots aquests mecanismes i tots aquests operadors de dominació són el bastament efectiu de l'aparell escolar. Per tant, si vostès volen,* (poden) *plantejar-se les estructures de poder com a estratègies globals que travessen i utilitzen tàctiques locals de dominació"*[13] y, de este modo, hacer volver a emerger la necesidad-interés-deseo de abordar la cotidianidad de las tácticas locales en las programaciones, en los procedimientos... metodológicos y didácticos, haciendo la cuádruple operación de la educación popular[14]: beligerante, conflictiva y antagonista, para cancelar cualquier posibilidad-probabilidad de ser cooptados, para no ser ni neutralizados ni recuperados ni aislados... por el aparato escolar ni el sociopolítico, una operación de subversión-inversión-reversión-conversión-transversión... que podría transducirse como una práctica de las prácticas: educativas, éticas y políticas y, mediante Toni Negri, sabemos que *"la práctica*

---

[12] Foucault, M. (2012). *Cal defensar la societat.* Barcelona: Proteus.
[13] Foucault, M. (2012). *Cal defensar la societat.* Barcelona: Proteus.
[14] AA.VV. (2009). *Guia per als cercles de cultura. El procés d'ensenyar i aprendre en l'educació permanent.* Publicaciones del Instituto Paulo Freire de España: Xàtiva.

de la práctica es la construcción de la práctica (...) es el acto de innovación ontológica"[15] y, en las prácticas educativas de libertad, en todo momento y en cualquier lugar, la práctica de la práctica debe implicar y comprometer *"hacer que cada situación de aprendizaje (sea) un laboratorio vivo (...) el laboratorio implica una reformulación del espacio de aprendizaje más allá de la distinción dentro-fuera, entre escuela y no-escuela (... y un) acompañamiento que implica un hacerse responsable –sin reducirse a lo prescrito por el rol y la profesión– capaz de fundar procedimientos."*[16]

Así entendemos la actualidad y el presente de la educación permanente –compromiso político, prácticas educativas de libertad y ciudadanía común organizada y que lucha, investigación militante...– en esta práctica de la práctica educativa de libertad, en diálogo permanente con otras y otros, en una educación como proceso de relación y mediación, de producción de conocimiento y de búsqueda de belleza, de expresión y formación ética y política, de co/cre-acción y cooperación... situada-en-contexto, como movimiento perenne de indagación, de autovalorización, de asociación-alianza, de crecimiento y de esperanza de la condición humana y, en él, esta educación deriva y es atravesada por una educación de la memoria donde el testimonio, que es pregunta y respuesta, archivo y visión, experiencia vivida y narración, investigación y convivencialidad[17]... re-abre el proceso de lectoescritura que es siempre interrogación-cuestionamiento y, sobre todo, es ir más allá de contar historias, más o menos sistematizadas y reproblematizadas, es ir creando-construyendo-constituyendo, en un sentido pleno, los lugares y los dispositivos y las tramas que posibilitan que la historia, singular y común, pueda hacerse y, de este modo, proporcionar poiéticamente y pràxicamente, que las mujeres y los hombres vayan transformándose en un horizonte de cooperación, convivencialidad, hospitalidad, solidaridad, amorosidad... como desafío en una vida política digna de ser vivida en la cotidianidad de la tarea educativa, ética y política pues *"en el món de la modernitat líquida, l'educació i l'aprenentatge, perquè donin fruit, han de ser continus i durar tota*

---

[15] Negri, A. (2006). *Fábricas del sujeto/ontología de la subversión*. Madrid: Akal.
[16] Taller de los sábados (2008). *Un elefante en la escuela*. Argentina: Tinta Limón.
[17] Illich, I. (2006). *Obras reunidas volumen I*. México: Fondo de Cultura Económica.

la vida. En cas contrari no es pot concebre cap mena d'educació o d'aprenentatge, o totes dues coses alhora; la 'formació' dels jos o les personalitats és inimaginable de cap altra forma que no impliqui una 'reformació' constant i sempre inacabada."[18]

Archipiélago de experiencias

La lectoescritura del mundo y la lectoescritura de la palabra, según nuestras experiencias en la formación de personas adultas, necesariamente, suscitan que, primero, materializamos la lectura del mundo y así lo empalabramos arraigándonos en el mundo, en las otras mujeres y hombres y en las diferentes comunidades de acogida en las que emergemos mediante el nacimiento –una natalidad no buscada- o a través de una acción de re-nacimiento –una natalidad buscada y cultural- y, en estos procesos, lenguaje y realidad se vinculan de una manera dinámica pero habría que expresar que, como señala Paulo Freire, *"la lectura del món precedeix la lectura de la paraula, d'ací que la posterior lectura d'aquesta no puga prescindir de la continuïtat de la lectura d'aquell"*[19] y, por tanto y segundo, es en este momento cuando materializamos la lectura de la palabra que nos vincula y nos fija en un círculo virtuoso de aprendizajes siempre abiertos y deseantes así como en un movimiento de mudanza.

Así pues la lectura de estas palabras, sucede a las diferentes lecturas del mundo, el vasto archipiélago de experiencias que, aquí y ahora y de nuevo, son convocadas y conjugadas, esperando que prefiguren unos paisajes de la educación permanente y al mismo tiempo tracen unos pasajes, que atraviesan territorios y ámbitos de esta educación que requiere de especificidad y singularidad, de acogida y hospitalidad, de cooperación y asociación, de amorosidad y dialogicidad, de criticidad y antagonicidad... –más allá de una simple perspectiva metodológica o quizás de la conformación de las escuelas en torno a la complejidad o de cualquier otra categoría de pensamiento-, abordando el hecho de educarse y educar en libertad y en común haciendo que las personas educadoras y educandas se conviertan en, como señala Henry Giroux respecto a la pedagogía crítica,

---

[18] Bauman, Z. (2007). *Els reptes de l'educació en la modernitat líquida.* Barcelona: Arcàdia.
[19] Freire, P. (2007). *La importància de llegir i el procés d'alliberament.* Xàtiva: Publicacions de l'Institut Paulo Freire-Edicions del CREC.

"agentes [y actores] *críticos que se cuestionan y discuten, de manera activa, la relación entre la teoría y la práctica, entre el análisis crítico y el sentido común, entre el aprendizaje y el cambio social (...) la pedagogía crítica abre un espacio en el que los alumnos y alumnas* [y el profesorado] *deberían ser capaces de asumir su propio poder como agentes* [y actores] *críticos; proporciona una esfera de libertad sin condiciones, una libertad para cuestionar y afianzar, resulta básica."* [20]

Así pues lectura del mundo y de la palabra involucran un aprendizaje que significa, por un lado un proceso de formación que, a su vez, debe encarnar un proceso de transformación y, esta disposición es la que nos faculta, nos posibilita y nos autoriza a hacer experiencia –a experienciar el pensamiento y pensar la experiencia–, una experiencia, en este caso educativa, responsable y comprometida con el otro y la otra que, además, debe tener un papel protagonista en el singular y común proceso de aprendizaje pues como señala Jim Cummings *"la pedagogía transformadora utiliza la investigación crítica colaborativa para permitir a los alumnos que analizan y comprendan las realidades sociales de su propia vida y la de sus comunidades. Los y las estudiantes hablan, ya menudo actúan, en relación con los modos de transformar estas realidades mediante diversas formas de acción social. La enseñanza aspira a ir más allá de un currículo esterilizado, que sigue siendo la norma en la mayoría de las escuelas. (...) La lectoescritura crítica refleja las capacidades analíticas que atraviesan la capa superficial de los argumentos persuasivos para alcanzar las realidades subyacentes y analizar los métodos y los fines de determinadas formas de persuasión"* [21] y, así, el papel y la función de las personas educandas deviene protagonista.

Y las palabras pueden estar ausentes o quizás presentes pero de una manera mistificada, no como una experiencia plena e integral sino como un experimento, como un falso actuar y una falsa práctica que sustraen y/o neutralizan las experiencias subalternas-antagonistas de las y los estudiantes como intelectuales y los vuelve a resituar y a colocar como consumidores –de materiales,

---

[20] Giroux, H. (2008): *'Introducción: Democracia, educación y política en pedagogía crítica'* en: *McLAREN, Peter-KINCHELOE, Joe (eds.):* Pedagogía crítica. De qué hablamos, dónde estamos. Barcelona: Graó.
[21] Cummins, J. (2002). *Lenguaje, poder y pedagogía.* Madrid: Morata.

libros de texto, etc.-, como personas clientes –de profesionales diversos, de políticas, de...-, como personas usuarias –de servicios, de protocolos...-, es decir, y en definitiva, de producciones y productos, de manera intermitente que, además, suscitan la liquidación de la condición humana así como el suministro de una falsa conciencia, como señala Günther Anders refiriéndose a las ideologías: *"aunque su meta inmediata consista en producir 'falsa conciencia', esta es en última instancia solo un instrumento, que a su vez debe producir falsa voluntad. Y también esta es, por fin, solo un aparato, el último: el aparato para la producción del falso actuar. En otras palabras: la meta de las ideologías (...) consiste en encauzar el hacer y dejar de hacer de aquellos a quienes se les suministran: 'falsa conciencia' sin falso querer no tendría absolutamente ningún valor. La verdad de la ideología (...) es la falsa praxis."*[22]

Y estas falsas praxis materializadas en los procesos educativos –en virtud de los diseños, las programaciones y los contenidos así como de las ejecuciones planificadas por parte del profesorado...- que no suscitan ni coimplican una lectura del mundo y de la palabra que cargue a los sujetos que participan con una visión del mundo y con una conciencia transitiva así como con la restitución de una libertad plena y relacional que nutra y consolide la condición humana, singular y común; estas falsas praxis solo señalan que *"la meta última consiste en la producción voluntaria de una liquidación de la voluntad, de una abulia que, a diferencia de sus formas patológicas como la indolencia o el estupor, le falte la conciencia de no ser libre"*[23] y, por lo tanto, la verdad de esta praxis falaz es la fabricación de una ideología que conforme y discipline los cuerpos, las palabras y el mundo inmersos, de manera fluida y/o líquida, entre el entretenimiento-consumo de productos masivos –incluidos los medios de comunicación y las nuevas redes sociales- y la impotencia, que genera, por un lado, un uso metafórico y real de la violencia y, por otro, la producción de la condición humana mediante productos, y ambas, fabrican y producen estilos de vida y masificaciones que nos afectan tanto a las personas educandas como las educadoras.

---

[22] Anders, G. (2011). *La obsolescencia del hombre II*. Valencia: Pre-textos.
[23] Anders, G. (2011). *La obsolescencia del hombre II*. Valencia: Pre-textos.

A partir de ese instante, leer y escribir el mundo y las palabras podría volver a convertirse en una acción, una labor y un trabajo urgente, necesaria e imprescindible, así como volver a irrumpir en el mundo, de una forma humana, pues *"el hecho de que el hombre sea capaz de acción significa que cabe esperar de él lo inesperado, que es capaz de realizar lo que es infinitamente improbable"*[24], una irrupción que suscita una triple aparición: *(i)* del mundo, *(ii)* de las personas educandas y *(iii)* de las personas educadoras, entre el pasado y el futuro, entre la traducción y la novación... que vivifica los textos y contextos- y, además, recupera y restituye la capacidad y la potencia revolucionaria, siguiendo a Simone Weil: *"no se puede ser revolucionario si no se ama la vida (...) la revolución es una lucha contra todo lo que constituye un obstáculo a la vida. Ella no tiene sentido sino como medio; si la finalidad perseguida es vana, el medio pierde su valor. En líneas generales, nada tiene valor si la vida humana no lo tiene"*[25]; un proceso que es construcción y desconstrucción de mundos singulares y comunes y las narraciones que esta conlleva –reconstrucción narrativa de lo ocurrido más memoria de lo ocurrido más lo ocurrido mismo-, que ponen en primer plano las significaciones imaginarias sociales que las mujeres y los hombres hemos sido capaces de elaborar y que, ahora tal vez, habría que re-elaborar, especialmente aquellas relacionadas e insertadas en un mundo icónico pues *"com un ésser de praxi, l'home, en respondre als desafiaments que parteixen del món, crea el seu món: el món històrico-cultural (...) Tot aquest món històrico-cultural, producte de la praxi humana, es gira sobre l'home, condicionant-lo. Creat per ell, l'home no pot, sens dubte, fugir-ne. No pot fugir del condicionament de la seua pròpia producció (...) el món humà només és perquè està sent; i només està sent en la mesura en què entra en dialèctica el canvi i allò estàtic"*[26] y, tal y como ha sido creado, puede, si así lo consideran los seres humanos, des-crearlo.

Mujeres y hombres reinventando una educación permanente actual

Ahora y aquí... si, como afirma Zygmunt Bauman *"el consumidor és un enemic del ciutadà"*[27] las prácticas educativas de libertad –en las iniciativas públicas,

---

[24] Arendt, H. (1993). *La condición humana.* Barcelona: Paidós.

[25] Petrement, S. (1997). *Vida de Simone Weil.* Madrid: Trotta.

[26] Freire, P. (2012). *Educació i canvi.* Publicacions de l'Institut Paulo Freire. CREC: Xàtiva.

[27] Bauman, Z. (2007). *Els reptes de l'educació en la modernitat líquida.* Barcelona: Arcàdia.

sociales, comunes...- tendrían que realizar un giro no solo lingüístico-espiritual-narrativo sino sobre todo político-experiencial-testimonial y centrar sus acciones educativas, éticas y políticas, al mismo tiempo, en los procesos-programas-planes-... de des/construir-i-/o-des/colonizar esta expresión-principio sociopolítico y educativo-cultural que muestra y/o constata el absoluto dominio del mercado y de las aproximaciones economicistas sobre los deseos, intereses y necesidades de unas vidas humanas que pudiesen devenir humanas, dignas y decentes, y que no estuviesen fijadas en un quehacer consumístico que, entre otras cuestiones, impide y/o obstaculiza las posibilidades de diálogo y convivencialidad, de acción y vida activa, de compromiso y alianza... que han de suscitar e implicar las operaciones de re-novación de los tiempos y espacios consubstanciales a lo político ciudadano, a lo educativo convivencial... que las iniciativas educativas y formativas, ahora públicas y comunes, han de poder edificar-poblar deviniendo *escuela ciudadana* que, como señalaba Paulo Freire: *"...es aquella que se asume como un centro de derechos y deberes. Lo que la caracteriza es la formación para la ciudadanía. La Escuela Ciudadana, entonces, es la escuela que viabiliza la ciudadanía de aquellos que están y de aquellos que van a ella (...). Ella es ciudadana en la medida misma en que se ejercita en la construcción de la ciudadanía de quien usa su espacio. La Escuela Ciudadana es una escuela coherente con la libertad. Es coherente con su discurso formador, liberador (...) Y como nadie puede ser solo, la Escuela Ciudadana es una escuela de comunidad, de compañerismo. Es una escuela de producción común del saber y de libertad. Es una escuela que vive la experiencia tensa de la democracia"*[28].

Así pues estamos ante la urgencia de *re*-novar no solo las aproximaciones metodológicas y didácticas, técnicas y tecnológicas... del quehacer educativo sino también las agrupaciones y las organizaciones de los aprendizajes, acentuando las dinámicas procedimentales-procesuales, así como los tiempos y los ámbitos de los procesos educativos y formativos, anclados en esa flecha rauda y veloz, dinámica y emprendedora que es una educación permanente, no ligada ni ultradeterminada por el capital ni el *just in time*, que posibilita y multiplica las

---

[28] Freire, P. (1997). *Entrevista a Paulo Freire: 19 de marzo de 1997*. TV Educativa de Río de Janeiro-Brasil.

entradas-salidas de los procesos de aprendizaje a lo largo de la vida, sin segmentaciones conservadoras –v.gr. las mal llamadas *segundas oportunidades*–, sin aislamientos sectoriales y/o formales –las espurias y mistificadas intervenciones profesionales y ocupacionales, con itinerarios formativos más o menos definidos...– pues las competencias no pueden ser solamente profesionales sino que han de conjugarse, como afirma Ettore Gelpi con las *"competencias sociales, culturales, estéticas, efectivas y físicas que resultan indispensables para los individuos trabajadores-ciudadanos"*[29], ni mucho menos falsificarlas y/o substituirlas en aras de una 'buena formación profesional adaptada al mercado' ya que nunca serán motores ni de desarrollo ni de cultura y mucho menos de inclusión. *In vivo* reinventando y/o actualizando la potencia, como empoderamiento y como resistencia-fortaleza que promueve y crea las prácticas educativas de libertad y la expresión real y posible de la palabra viviente que *"per a que donin fruit, han de ser continus i durar, efectivament, tota la vida. Espero que siguen capaços d'adonar-nos que una de les raons principals,i potser la més important, per què ha de ser continua i al llarg de tota la vida, és la natura de la tasca que ens pertoca fer durant el viatge comú cap a 'l'atorgament de poder', una tasca que és exactament com hauria de ser l'educació: inacabable i al llarg de tota la vida"*[30], estableciendo unas relaciones-mediaciones que, cara a cara y cuerpo a cuerpo, resistan, creen y edifiquen un mundo solo mediante el doble gesto que señala Santiago López Petit: *querer vivir como desafío; la exacerbación del amar y del pensar*[31] y, al mismo tiempo, introduce-abre en las mujeres y en los hombres, un proceso de este querer-vivir-querer-amar y pensar, en singular y en común, que requiere y a su vez posibilita el acto de empalabrar el mundo y, a la par, de mundanizar la palabra, pues es evidente que la experiencia del mundo y de nosotros en él, suscita esperanza y también paciencia, a la vez y de manera interrelacionada, aurorales que diría María Zambrano. Unas experiencias que conllevan *"una perspectiva de la teoría como forma de práctica, una práctica que rechaza el fetiche de definir lo práctico como el alejamiento de las preocu-*

---

[29] Gelpi, E. (2009). *Formación de personas adultas: inclusión y exclusión.* CREC-Publicaciones del Instituto Paulo Freire.: Xàtiva.

[30] Bauman, Z. (2007). *Els reptes de l'educació en la modernitat líquida.* Barcelona: Arcàdia.

[31] López Petit, S. (2005). *Amar y pensar.* Barcelona: Bellaterra.

paciones teóricas (...) la teoría como una forma práctica apunta hacia la necesidad de construir un discurso crítico que constituya, a la vez que reordene, la naturaleza de nuestras experiencias y los objetos por los que nos preocupamos, a manera de mejorar y de dar aún más fuerza a las condiciones ideológicas e institucionales que precisa una democracia radical[32] que otorgan y redistribuyen poder-potencia: educativa, sociocultural, política...

En un quehacer educativo así –la educación-emancipación popular, la precariedad y la practicabilidad de la vida-, que busca e impulsa, una *vida política* donde el testimonio-huella-estela germina como un vector indicador que nos muestra-expresa unas sendas, a rehacer caminando, de la mano de las palabras dichas y escuchadas, de las experiencias y prácticas revividas, en unas vidas políticas dadas-recibidas-edificadas-vividas-..., donde las mujeres y hombres protagonistas de estas vidas han de resistir, recuperar y realizar las transformaciones educativas, políticas, socioculturales, económicas... y, de alguna manera, el modelo podría contextualizarse como se ve en la figura.

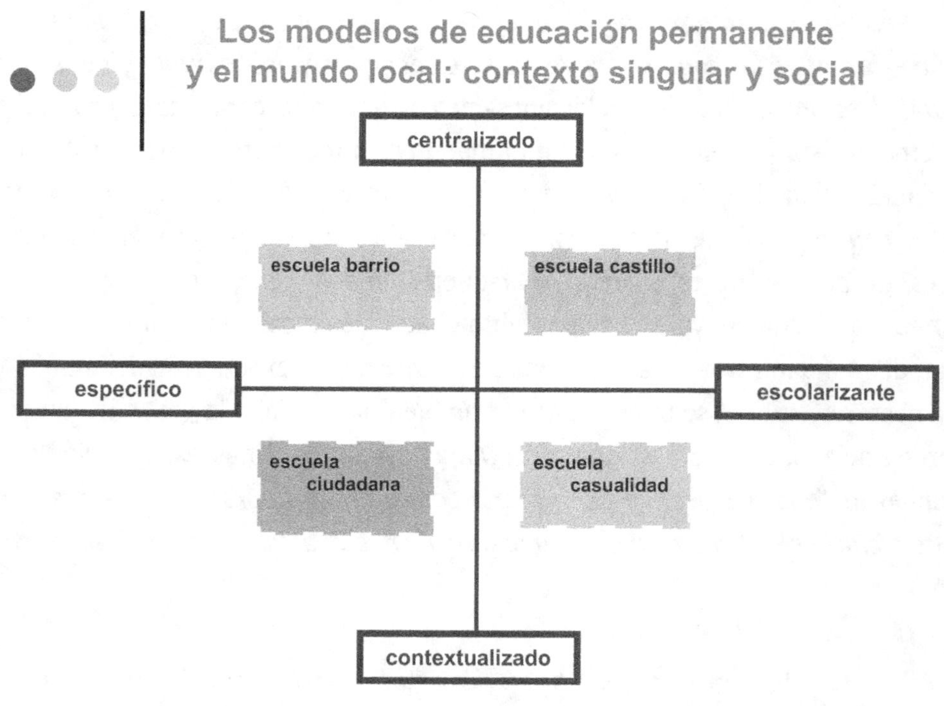

---

[32] Giroux, H. (1993). *La escuela y la lucha por la ciudadanía.* México: Siglo XXI.

Y la educación permanente puede y debe tener un papel importante en el cambio de este juego mortal, y de las reglas que lo hace posible y, de esta manera, podremos crear-efectuar la transformación-mudanza del mundo desde diferentes ámbitos y dispositivos y, como escribíamos en otro lugar, *"es quizás desde la experienciación de conceptos, perceptos y afectos revolucionarios que estas instituciones instituyentes podríamos definirlas como unas instituciones monstruos que, enlazando el pasado y el porvenir, efectúan una narración en singular y en común, antagonista que recrea y actualiza las potencias que una educación permanente puede poner en lugar y en juego. Una educación permanente* 'que es la elección de una política cultural democrática, que está en contra de los métodos elitistas de modernización que aislarían de su tradición popular a los grupos en proceso de educación, en otras palabras, tales métodos dificultarían el que la gente pudiera formarse su idea de la modernización y ponerla en práctica', *como nos recuerda Ettore Gelpi, pues solo hay una manera de acción y formación cultural que proporcione poder-potencia a la clase obrera que lucha dentro de la comunidad y en la vida cultural y política, sin ningún aislamiento pues este supondría una nueva alienación de las mujeres y los hombres que luchan y, además, no reconocer sus deseos, sus intereses y sus necesidades."*[33]
Finalmente, la potencia de la educación permanente y de su actualidad aflora de las experiencias de las mujeres y hombres que narran sus prácticas y, las y los educadores, hemos de ser testimonios y, simultáneamente, las personas educandas también devienen testimonios, y ambos testimonios están vivos, sin ser ni prototipos ni modelos, solo se exponen y muestran al grupo de aprendizaje, en una circulación-desplazamiento que reconoce a cualesquiera de las mujeres y de los hombres que participan como sujetos frágiles, e imprevistos, como señala Anna Maria Piussi en su excelente ensayo[34], intelectuales motrices-matrices de su formación y acción en el mundo y, con ellos, materializamos la vertiente instituyente de las prácticas educativas de libertad, más allá de cualquier liberación, pues como expresa Michel Foucault *"la libertad es una práctica (...) la libertad debe ejercerse"*[35], para de esta manera situarnos en una disposición-

---

[33] Aparicio, P. (2012). *El fil de la vocació.*: Xàtiva: Publicacions de l'Institut Paulo Freire.

[34] Piussi, A. (2017). *Soggetti imprevisti*. Rizoma freireano 23. Disponible en: http://www.rizoma-freireano.org/soggetti-imprevisti-anna-maria-piussi-23.

[35] Foucault, M. (2012). *El poder, una bestia magnífica*. Argentina: Siglo XXI.

tendencia *"para volver a pensar el mundo entero"*[36] y, desde un pensamiento de la experiencia y una experiencia del pensamiento concebir-generar-materializar el paso de consumidores a ciudadanía empoderada y descolonizada en unas comunidades de cuidados, una *cuidadanía* preñada de prácticas y/o nociones comunes que *"se forman mediante las conexiones afectivas de los cuerpos, mediante lo que tienen en común a través de las afecciones recíprocas."*[37]

---

[36] Giardini, F. y Butarelli, A. (2013). *El pensamiento de la experiencia*. Xàtiva: Publicaciones del Instituto Paulo Freire.

[37] Lorey, I. (2016). *Estado de inseguridad. Gobernar la precariedad*. Madrid: Traficantes de sueños.

Educação de jovens e adultos: implicações na vida pessoal e no contexto social

Adna Santos das Neves,
Katia Siqueira de Freitas,
Maria de Fatima Pessôa Lepikson,
Antônio Amorim

Este artigo fomenta um diálogo em torno de um tema recorrente: a Educação de Jovens e Adultos - EJA- no Brasil. Discute o estigma do analfabetismo e suas consequências para a vida de pessoas que se encontram naquela condição. Os impactos negativos dessa situação aumentam, com o advento de novas e cada vez mais complexas tecnologias a partir do incessante desenvolvimento científico e tecnológico. A educação e a escolarização são direitos sociais básicos para vida das pessoas durante todas as fases da vida humana e, como tal, estão sempre presentes nos debates e discussões que circundam nos meios social, político e acadêmico.

A condição de analfabeto interfere negativamente na vida pública e privada e no contexto social mais amplo. Limita o alcance ao trabalho e à afluência econômica. Impede a atuação participativa efetiva frente às questões sociais, quer sejam políticas, econômicas ou educacionais, pois a sociedade é plena de preconceitos contra os que não frequentaram a escola e contra os iletrados que a frequentaram e não obtiveram sucesso educacional. A pessoa iletrada no Brasil, assim como em outros países, vive num contexto social amplamente excludente e sofre duras consequências dessa exclusão preconceituosa e perversa.

O estigma do analfabetismo e suas consequências

O analfabeto tem sofrido, historicamente, conotações negativas que não captam ou que não revelam a realidade distorcida de uma sociedade marcada por desigualdades e injustiças socioeconômicas.

Se retomarmos o Dicionário de Antônimos e Sinônimos de F. Fernandes de 1957 encontraremos como sinônimo de analfabeto as expressões ignorantes e estúpidos. Já a ideia de alfabetizados era relacionada à pessoa culta (Ferraro, 2004). Segundo Ferraro, o analfabeto no Brasil emergiu como questão nacional desde o período do Império e perdura até os dias atuais. Pupo (2011), ao discutir o preconceito contra o analfabeto, destaca, que no século XIX, a leitura e a escrita demarcavam questões relacionadas à polidez. Dentre as práticas que indicavam essa distinção, destacava-se a exclusão do direito ao voto, demarcada na lei Saraiva de 1881.

Pautado em Freire (2015), Ferraro afirma que a melhor concepção que se tinha em relação ao analfabeto o comparava a um incapaz, à erva daninha, daí a menção a sua erradicação. Como se essa fosse uma enfermidade contagiosa a ser combatida, erradicada.

A dura realidade dos que não leem, não escrevem, nem fazem contas básicas em uma sociedade de letrados e de usuários das tecnologias, que convivem com os ganhos da inteligência artificial, é cruel, pois ficam excluídos e a margem da sociedade. Saber ler, escrever e contar constituem competências básicas e possibilidades mínimas para a inclusão social e, consequente, entrada no mercado de trabalho. Indivíduos que não estejam devidamente alfabetizados e letrados são estigmatizados pela incapacidade de atender às demandas da modernidade tecnológica globalizada. Os jovens, adultos e idosos analfabetos são marcados pelo não reconhecimento de suas potencialidades, reforçando o sentimento de inferioridade, exclusão e marginalidade. A sociedade, em vez de exercer o que diz a legislação educacional, anula a individualidade e determina o modelo sócio político e econômico que interessa para manter o poder da classe dominante, em detrimento da classe dominada, constituída pela grande maioria da população.

Em conformidade, com Di Pierro e Galvão (2007, p. 24), os sucessivos constrangimentos e experiências de discriminação levam à corrosão da autoestima dos indivíduos, que acabam assumindo a subalternidade e assimilando ao próprio discurso as metáforas depreciativas formuladas pelos letrados e difundidas pelos meios de comunicação. As mais recorrentes são aquelas que identificam o analfabetismo à "escuridão", à "cegueira"; o analfabeto ao "cego", e a alfabetização à "retirada da venda dos olhos" e à saída das "trevas da ignorância".

Segundo Goffman, (2004), o indivíduo estigmatizado é um ser desviante, por estar fora da norma social e estar desacreditado, devido ao atributo de descrédito criado pelo meio social. O analfabeto e o iletrado recebem uma marca social negativa que faz com que pessoas que não se encontram nessas condições se distanciem por considera-los inferiores. O analfabeto tende a ficar isolado, excluído e se sente incapaz socialmente.

Brasil: combate ao analfabetismo e os direitos conquistados

No início do século XX, já no período da República, os dados alarmantes acerca do analfabetismo (80% da população) se revelavam como uma "vergonha nacional', uma praga a ser combatida. Sob a compreensão de "vergonha nacional" foi que entre as décadas de 1950 e 1970 surgiram as campanhas de Educação de Adultos. Mantendo a visão preconceituosa, Pupo ressalta que "o ponto principal desse momento é o pensamento das pessoas envolvidas na campanha –no caso de uma professora e um dirigente (Lourenço Filho)– que expuseram o analfabeto com seres inferiores aos outros... um zero a esquerda. (Pupo, 2017). Ainda na década de 70, marcada pela ditadura militar, surge, nos moldes do autoritarismo militar o Movimento Brasileiro de Alfabetização (Mobral). A respeito do Mobral, Di Pierro é clara em relação ao seu vínculo com o regime militar

> [...] controlava rígida e centralizadamente a orientação, supervisão pedagógica e produção de materiais didáticos. Sendo concebido como ação que se extinguiria depois de resolvido o problema do analfabetismo, o Mobral tinha baixa articulação com o sistema de ensino básico. Em virtude de sua presença maciça no país e sua capilaridade, contribuiu para legitimar a nova ordem pública implantada em 1964. (Di Pierro, 2001, p. 58).

Apesar de o analfabeto ter conquistado, com a promulgação da Constituição da República Federal do Brasil em 1988, o direito ao voto, o discurso de erradicar o analfabetismo, visto como mal social, não foi erradicado do pensamento daqueles que elaboraram os novos programas de combate ao analfabetismo de jovens e adultos. O analfabetismo, em conformidade com o até então exposto, é reconhecido por Pupo e Ferraro, como uma manifestação concreta da injustiça social.

Vale lembrar que a Declaração Universal dos Direitos Humanos (ONU), de 1948, proclama igualdade de direitos para todos e realça o direito à instrução. O seu artigo XXVI afirma que:

> Artigo XXVI I. Todo ser humano tem direito à instrução. A instrução será gratuita, pelo menos nos graus elementares e fundamentais. A instrução elementar será obrigatória. A instrução técnico-profissional será acessível a todos, bem como a instrução superior, está baseada no mérito.

Desde então já se passaram 69 anos e "a igualdade de direito" continua como retórica. O avanço foi parcial, sobretudo para as camadas mais pobres da população do Brasil e de outros países emergentes, a saber Brasil, Índia, China, África do Sul, que compõem os BRICS.

A Lei de Diretrizes e Bases da Educação Nacional– LDB nº 9394/96– estabelece no artigo 2 que a educação "tem por finalidade o pleno desenvolvimento do educando, seu preparo para o exercício da cidadania e sua qualificação para o trabalho".

Embora a atenção à educação esteja incorporada à legislação brasileira, até o momento o prescrito ainda não conseguiu ser cumprir na íntegra conforme proclamado, especialmente com relação à qualidade da educação e dos serviços educacionais como um todo. Dados do Instituto Brasileiro de Geografia e Estatística (IBGE) e da Organização das Nações Unidas para a Educação, a Ciência e Cultura -UNESCO- indicam que o Brasil, em 2015, era o oitavo país em número de analfabetos adultos no mundo, atingindo cerca de 13 mil. Cerca de 8% da população com 15 anos ou mais era analfabeta em 2015.

Estudos recentes apontam a importância de implementar medidas emergenciais para mudar esse panorama, caso contrário à tendência é que esse quantitativo aumente, contribuído para que o Brasil permaneça no rol de países com baixa qualidade educacional e com trabalhadores que não acompanham a realidade laboral. Analfabetismo e sistema educacional ineficiente interferem negativamente em toda estrutura social, política, econômica e pessoal e aí está a razão e urgência de se efetivar uma Educação de Jovens e Adultos (EJA) comprometida com as reais necessidades dessa população.

A EJA é uma modalidade de ensino, respaldada por legislação própria, destinada àquelas pessoas que não tiveram acesso às instâncias formais de educação (escola) no período previsto pela Legislação. Segundo Di Pierro, Joia e Ribeiro (2001), no entanto, a educação de jovens e adultos extrapola o processo de escolarização.

> [...] quando a abordagem do fenômeno educativo é ampla e sistêmica, a educação de jovens e adultos é necessariamente considerada como parte da história da educação em nosso país, como uma das arenas importantes onde vêm se empreendendo esforços para a democratização do conhecimento (2001, p. 58-59).

Ao tratar da EJA é fundamental ter claro que erradicar o analfabetismo é a diretriz número 1 do Plano Nacional de Educação - Lei 13.005 de 2014 com vigência até 2024. Cerca de dois anos e meio depois de sua publicação, o Brasil continua com grande contingente de jovens e adultos que não tive oportunidade de acesso a estudos que mudassem sua condição de iletrado. Para que diretrizes, metas, ações e programas se concretizem efetivamente, é requerida a adoção de políticas de Educação de Jovens e Adultos seja planejada, bem definida, devidamente orçada (orçamento executado) e implementada.

Educandos dos programas de educação de jovens e adultos: novos estigmas e frustrações

A causa do analfabetismo no Brasil entre outros fatores, segundo Galvão e Di Pierro (2007, p. 16), seria decorrente de "trabalho precoce na lavoura, as dificuldades de acesso ou a ausência de escolas na zona rural". Com efeito, grande parte dos estudantes da EJA é remanescente do êxodo rural, que deixou suas cidades de origem em busca de oportunidades de emprego nas cidades grandes, tentando melhorar a própria condição econômica. Chegando à cidade grande, esta parcela da população, se consegue emprego ou trabalho, acaba recebendo baixa remuneração, exercendo funções como de limpeza, empregos em residências e na construção civil, dentre outras que não exigem ler e escrever com competência. Todavia, com as mudanças da configuração social e o emprego das tecnologias em todos os tipos de serviços "Não saber ler e escrever é, como

outras marcas distintivas da pobreza, um símbolo da condição de subalternidade", afirmam Mello e Gomes, (1992, p.21, apud Galvão e Di Pierro, 2007, p.18).
Acrescentamos que é símbolo de desemprego, pois mesmo o serviço doméstico
já requer que os candidatos possam ler e escrever para que sejam capazes de
anotar recados, fazer compras e pagamentos e assumir outras responsabilidades. O serviço doméstico está inserido no contexto tecnológico de muitos eletro-
domésticos e robôs que limpam o chão e as vidraças das casas, sendo preciso
saber ler as instruções para operá-los sem danificá-los e com segurança.
Com relação a migração para a cidade grande, Galvão e Di Pierro (2007, p.17)
comentam com propriedade que a maioria vem:

> ... em busca de melhores condições de vida e trabalho, no entanto, tiveram
> que enfrentar com mais frequência situações de preconceito e responder
> a desafios de novos contextos, em que os usos da leitura e da escrita são
> mais difundidos, permeando a vida cotidiana.

Parte dos Jovens, Adultos e Idosos considerados alfabetizados, são, em verdade,
analfabetos funcionais e constituem um número significativo. Esses são funda-
mentalmente trabalhadores - em condição de subemprego ou desempregados,
submetidos à dificuldade de mobilidade urbana, alternância de turnos de trabalho, cansaço físico e psicológico e pagamentos ínfimos. Quando frequentam
a escola noturna, após a jornada de trabalho diurno, não têm tempo de ir à casa
antes da escola e já chegam às aulas com fome e cansados, o que prejudica
manter a atenção e dedicarem-se atentamente ao que acontece na sala de aula
A EJA agrega jovens, adultos e idosos com uma faixa etária entre 15 e 80 anos
ou mais, em sua maioria do sexo feminino, negros e pobres. Ou estão desempregados, ou exercem o trabalho informal. Alguns destes estudantes possuem
déficit cognitivo, por vezes declarado e reconhecido pela família. Trazem vivências anteriores de fracasso e exclusão que contribuem para carregarem o peso
de uma autoimagem negativa. Muito embora, alguns mantenham vontade de
aprender e de ver o mundo de uma maneira otimista, com esperança de futuro
melhor.
Há pessoas que trazem, enquanto motivação, a necessidade de trabalhar para
ajudar no sustento da família. Mas, as dificuldades de aprendizagem e outras,

como não ter com quem deixar os filhos para frequentar as aulas, cansaço depois de um dia de labuta, trânsito intenso, são alguns dos empecilhos que os levam a desistir. Por vezes, problemas de ordem familiar (cuidar dos filhos ou de familiares com dependência financeira, dificuldades de locomoção, outros), educacional e socioeconômica fazem os estudantes não dar continuidade aos estudos. Outras são relativas à necessidade de se manter no emprego, assim por diante.

Este cenário vem se perpetuando. Boa parte dos estudantes acaba desistindo de frequentar a escola por fatores familiares e sócios econômicos, bem como questões referentes à estrutura funcional desta modalidade de ensino que pouco atende às especificidades do estudante trabalhador, seja ele jovem, adulto ou idoso, filho, pai, mãe ou avós. Mas, infalivelmente a necessidade de aprender a ler e escrever para usufruir dos benefícios da sociedade letrada se impõe e se sobrepõe ao seu cotidiano. A busca pela colocação no mercado de trabalho depende grandemente do sucesso na escola. Para responder às novas demandas apresentadas pela sociedade atual, que exige indivíduos cada vez mais letrados e com compreensão crítica do mundo em que vivem, retomam à escola apesar das dificuldades e nela nem sempre encontram a compreensão de todas as dimensões do estágio e do processo em que se encontram.

A essa altura da vida, os interesses são múltiplos e variados. Almejam: resolver ou esquecer problema; ler o letreiro dos ônibus, jornal, revistas e livros; poder ajudar aos que precisam; ensinar aos filhos ou netos; frequentar uma instituição escolar idealizada nos sonhos; socializar; adquirir informações para se tornarem pessoa conhecedoras dos seus direitos; usar eletrônicos; usufruir da internet; conseguir uma promoção; concluir os estudos; entrar para uma faculdade; saber operar uma calculadora e uma caixa eletrônico; constituir senhas para os cartões de banco. Esses são alguns dos interesses que devem a ser considerados pelos planejadores e executores das políticas e ações relativas a EJA na atualidade.

Neste contexto, estão os jovens, adultos e idosos analfabetos, semianalfabetos e analfabetos funcionais que compõem a população em potencial de alunos da EJA. Alguns já frequentaram os bancos escolares, mas, por circunstâncias adversas de caráter socioeconômico foram afastados do processo de escolarização regular. Esses, ao voltarem para a escola, trazem grandes esperanças de superar seus limites, ganhar promoções no trabalho e serem absorvidos pelo mundo do trabalho formal. Tais expectativas frequentemente são frustradas na medida em que não encontram possibilidades reais de emprego e qualificação concernente às exigências do mundo de trabalho contemporâneo, ou, de forma concreta, o alcance de melhor posição funcional no mercado de trabalho.

As necessidades desses educandos, no entanto, não dimensionam às reais exigências do mundo moderno, em constante alteração. As mudanças em todos os setores da vida humana e a internacionalização, que ora se configuram nas esferas socioeconômicas, cultural, política e educacional, geram novos e numerosos desafios e impactam na vida da população. Contudo, também apontam algumas possibilidades frente aos atuais problemas.

EJA: desigualdades socio educacional e direitos

No combate ao analfabetismo, os maiores problemas de países como o Brasil são as crescentes desigualdades sociais e educacionais. A respeito dessas desigualdades Michalovicz aponta que:

> A educação escolar constitui-se, ainda, como grande desafio para a sociedade brasileira. Sua organização (diretrizes nacionais de ensino, políticas educacionais, legislação etc.), parece não garantir igualdade de condições e oportunidades para toda a população, apesar de discursos proferidos em defesa da escola pública, "de qualidade", como direito social básico de todo cidadão brasileiro, a partir da Constituição de 1988 (Michalovicz, 2018, p. 11075).

Há diferenças em quase todos os aspectos da educação, como por exemplo: condições concretas de frequência diária, adequação à dinâmica escolar particularmente do adulto e do idoso, qualidade gestora e pedagógica do corpo docente, estrutura física das escolas, matérias escolares, merendas oferecidas, assim por diante.

Nesse cenário se configura a EJA como esperança daqueles que não tiveram oportunidade e/ou acesso de escolarização na "idade apropriada" conforme prevista em lei. Sendo a educação de qualidade um dever do estado e um direito de todo cidadão brasileiro, em toda e qualquer idade, concordamos com a crítica a expressão "idade apropriada" e reafirmamos que toda idade é apropriada para os cidadãos terem acesso à educação de acordo com a necessidade e interesse de cada um.

A EJA na perspectiva dos direitos sociais é determinante para a construção de caminhos e possibilidades de inclusão educacional da população excluída do acesso regular a seus direitos. Essa premissa corrobora a efetivação de direitos, socioeconômico e laboral, favorecendo a efetivação do direito à participação nas deliberações sobre as políticas sociais previstas na Constituição Federal do Brasil de 1988. A inclusão, seja em qual instância for, se concretiza com a efetiva participação dos indivíduos na luta por direitos já consubstanciados e por novos que poderão ser construídos mediante educação e consciência da importância de sua participação no processo de conquista de novos direitos e oportunidades. A inclusão educacional ocorre através de políticas, professores e currículos que atendam às especificidades dos diversos grupos sociais, quer sejam eles portadores de necessidades educativas especiais, quer estejam em situação de risco, de analfabetismo, desassistidos pela família e/ou pela sociedade, quer estejam em privação de liberdade, ou reclusos em hospitais, ou em regiões remotas e rurais do país ou mesmo no exterior e originário dos diferentes espaços sociais. A esses grupos anexamos os imigrantes menos afortunados academicamente que com o cenário político atual encontram abrigo no Brasil, quando fogem das lutas e guerras que ocorrem na atualidade em seus países. Esses precisam aprender a falar e entender o nosso idioma nacional, a cultura e o modo de viver e trabalhar no Brasil.

Independentemente de ser jovens, adultos ou idosos, a educação é um direito básico que precisa e deve ser abraçado por oportunidades contínuas de educação e aprimoramento. Pois, a aprendizagem é um processo que ocorre ao longo de toda a vida humana de diversas maneiras e alarga as oportunidades dos cidadãos de inserção e participação social. A Educação pode contribuir para a própria saúde física e psicológica de toda a família e do coletivo; aspectos que nos tornam mais humanos e colaboradores. O capital cultural formado na escola é determinante para o posicionamento do cidadão na sociedade.

Conforme Torres (2001, p. 20), a educação básica é um espaço para ser ocupado por todos e deve atender:

[...] necessidades básicas de aprendizagem (NEBA) de crianças, jovens e adultos. As NEBAs, por sua vez, eram definidas como aqueles conhecimentos teóricos e práticos, destrezas, valores e atitudes que, em cada caso e em cada circunstâncias e momento concreto, tornam-se indispensáveis para que as pessoas possam encarar suas necessidades básicas.

Contrariando as necessidades e os direitos sociais constitucionalmente instituídos, o cenário atual da EJA é de um ensino precário, com parte dos profissionais despreparados e pouca oportunidade de atualização, com currículo que pouco leva em conta os contextos sociais histórico e cultural dos participantes, que, em geral, têm uma trajetória marcada pelo fracasso educacional, pela evasão e repetência; essas instâncias minam a qualidade de vida e propiciam uma sociedade desigual e excludente como a que vivemos.

EJA: desafios a enfrentar

O relatório divulgado no dia 20/01/2014, pela Organização das Nações Unidas para a Educação, a Ciência e a Cultura (UNESCO) aponta que o Brasil aparece em 8º lugar entre os países com maior número de analfabetos adultos. Ao todo, o estudo avaliou a situação de 150 países. De acordo com a Pesquisa Nacional por Amostra de Domicílios (Pnad), feita pelo Instituto Brasileiro de Geografia e Estatística (IBGE) em 2012 e divulgada em setembro de 2013, a taxa de analfabetismo de pessoas de 15 anos ou mais foi estimada em 8,7%, o que corresponde a 13,2 milhões de analfabetos no país.

É preciso lembrar as palavras de Ângela Antunes e de Carlos Rodrigues Brandão ao escreverem a apresentação do livro de Moacir Gadotti, intitulado "Por uma política nacional de Educação popular de jovens e adultos", de 2014, quando afirmam que:

> Os analfabetos não dispõem de um sindicato que os represente. Eles não têm porta-voz. Eles necessitam do empenho, da solidariedade e do compromisso dos que foram alfabetizados e estão hoje situados dentro e fora de instituições de poder do Estado (2014, p. 6).

A EJA, atualmente, emerge como uma das poucas possibilidades de organização política, acesso e permanência com sucesso nas escolas daqueles que desejam retornar as atividades de estudo após retirar-se da escola por algum tempo e estar em idade considerada inapropriada para frequentá-la durante o dia. Porém, mesmo essa oportunidade de estudo esbarra na pouca pertinência do ensino ministrado e convive com investimentos insatisfatórios.

A LDB/ 1996, já referida, coloca em evidência os direitos educativos dos jovens e adultos ao ensino, respeitando suas necessidades e condições de aprendizagem, incluindo a preparação para o exercício da cidadania e qualificação para o trabalho; estabelecendo as responsabilidades dos entes federados na identificação e mobilização de demandas emergentes ao ensino de jovens e adultos, com a garantia ao acesso e a permanência destes estudantes até o final do processo de escolarização.

A lei em pauta prevê atendimento aos jovens e aos adultos que não tiveram acesso ou não deram continuidade aos estudos na idade "apropriada" no ensino regular conforme já referido anteriormente. Contudo, é possível afirmar que o definido por meio desta lei não se configura enquanto realidade vivenciada pela EJA. Atualmente, a simples matrícula dos estudantes na EJA não garante a sua permanência bem-sucedida no mundo escolar até completar o ciclo da escolarização básica. Essa realidade fomenta o alto índice de evasão e repetência nesta modalidade de ensino conforme pode ser observado em todo o Brasil. Tais questões estão relacionadas a fatores de diversas naturezas, quer sejam estrutural, social, econômica, ou cultural. Tais fatores prejudicam a qualidade do ensino ministrado e não ajudam a dirimir as dificuldades vivenciadas pelos estudantes. Outra variável que dificulta o sucesso escolar está relacionada ao fato de ser lugar comum a atuação de profissionais, tanto professores quanto gestores, com a formação voltada para crianças e jovens e que só aprendem a lidar com o adulto e o idoso no próprio exercício do seu trabalho. Há ainda outros elementos que impactam negativamente no desempenho desses alunos, como a estrutura curricular inadequada ao público alvo a que se destina, tanto quanto a estrutura física precária das escolas públicas voltadas majoritariamente para crianças. Vetores que acabam contribuído para a configuração do atual cenário da EJA no Brasil.

Com muita propriedade Freitas (In Silva, Costa y Lima, 2016, p.161), comenta que:

Quando a qualidade da educação é deficitária aumenta a probabilidade de evasão, desistência, abandono total ou temporário dos que não conseguem acompanhar e vencer os desafios postos pelos sistemas educacionais. Esses engrossarão as estatísticas relativas a jovens e adultos que não persistiram com os estudos na "idade considerada oficialmente própria", mas que, muito provavelmente, retornarão ao sistema educacional por necessidades e circunstancias de vida e de trabalho.

Freire (2005, p.43 e 44) traz para reflexão a necessidade por uma nova sociedade, que entenda o ser humano como sujeito de si mesmo e de sua história de vida. Propõe que os países emergentes construam uma educação que seja uma força de mudança e libertação, ou dito de outra forma, de uma educação verdadeiramente democrática.

Desta forma a democratização da educação só deixará de ser mera utopia a partir da efetivação das demais políticas: sociais, culturais e econômicas, permitindo efetiva participação social da parcela excluída da sociedade por carregarem o estigma de analfabetos. A educação nesta perspectiva precisa ser dotada de qualidade, não só atendendo as competências formativas básicas, mas também as ultrapassando e possibilitando o aprender a aprender, a resolução de problemas cotidianos, o pensamento crítico- reflexivo, o lidar e responder aos atuais desafios da educação e da sociedade no que diz respeito a uma formação integral e humanística.

Estar inserido no processo de alfabetização é uma das possibilidades de crescimento, é oportunidade para a inserção social e abertura de novas portas para construção de saberes mais avançados e superiores. Para tanto a educação de qualidade é central em qualquer sociedade e deve estar voltada para o desenvolvimento da consciência cidadã coletiva na tentativa do ensino ir além do ler, escrever e contar. É preciso o desenvolvimento do pensamento crítico e criativo para emancipação política, social. Nessa perspectiva é que as relações e a dinâmica educacional precisam ser pensada.

Por uma educação de jovens e adultos de qualidade

Segundo Gadotti e Romão (2006, p.120), só é possível pensar em erradicação do analfabetismo e elevação do nível de escolarização da população, se o sistema educacional, como um todo orgânico, desempenhar com qualidade sua tarefa independente de idade e classe social dos participantes do sistema educacional. É igualmente importante que os horizontes norteadores do tratamento desta demanda sejam a construção da cidadania e da consciência dos direitos e deveres para com o outro e com a sociedade. Há de ser considerado o envelhecimento da população, a rápida internacionalização da economia a nível mundial, a necessidade de se ter competitividade em todos os setores econômicos e a constante qualificação e requalificação dos jovens, adultos e idosos para possibilitar este salto qualitativo e a manutenção no mundo produtivo. A sociedade não pode deixar de se preocupar com a população e considerar questões como: por que educar? Para que educar? e quais as circunstancias sociais e políticas que precisam ser enfrentadas para alcançar objetivos propostos.

A diversidade é grande entre os participantes da EJA, assim, é importante a sensibilidade dos educadores para que seja criado um clima de igualdade, respeito e acatamento das diferenças. Por isso, as palavras de Amorim (2012, p. 73) podem ser aplicadas ao contexto da sala de aula com muita precisão. Ele afirma que:

> Quando as pessoas participam de um diálogo franco e aberto, conseguem estabelecer um grau de relevância nas conversas e promovem o surgimento de atitudes positivas. Consequentemente diminui a distância na comunicação e na participação entre as pessoas, elimina certas hierarquias que são prejudiciais ao exercício didático em sala de aula, efetiva as ações educacionais, fazendo com que haja objetividade e dinamismo nos processos didáticos (Amorim, 2012, p. 73).

Devemos levar em conta a diversidade presente nas salas de aula especialmente no turno noturno. Os participantes diferem nas experiências vividas ao longo da existência. As idades variam, geralmente, entre 15 e 80 anos ou mais, em alguns casos. Há de se considerar também neste contexto o perfil socioeconômico, étnico, além de gênero, cultura regional e religiosa, capacidade de participação, outros. Logo, as políticas publicadas pensadas para esta modalidade de ensino devem levar em conta todos esses fatores.

Gadotti e Romão (2006, p.122) chamam a atenção para relação da EJA com trabalho:

A EJA das camadas populares tem de, necessariamente, assumir como princípio ordenador, o mundo do trabalho. Nele, há que considerar duas vertentes: a do questionamento das relações que engendram a sociedade e a da instrumentalização para exercer a atividade laboral. Tanto quanto possível, a educação básica de jovens e adultos deverá correlacionar essas duas vertentes ao mesmo tempo em que se desenvolve o domínio de um conhecimento crítico para questionar a realidade e transformá-la.

Face esse quadro, Moacir Gadotti traz, enquanto possibilidade de enfrentamento do analfabetismo, a formação de um "Pacto Nacional pela alfabetização de jovens e adultos". Esse Pacto poderá mobilizar União, Estados, Municípios, sociedade civil, movimentos sociais, ONGs, voluntários; estabelecer parcerias com programas de alfabetização de jovens, adultos e idosos, num esforço conjunto para por fim ao analfabetismo. Para Gadotti esta poderá ser uma marca fundamental de um "Brasil sem miséria". O analfabetismo é fator e produto da miséria de um povo e da falta de responsabilidade da classe dos governantes e decisores da educação. Corrupção e desvio de verbas destinadas à educação, à merenda escolar, à formação de professores, à compra de material escolar, ao transporte escolar, são promotores da reprovação e evasão de estudantes e professores.

Considerações finais

A partir da década de 30 os movimentos em prol da alfabetização no Brasil se tornam mais contundentes, embora ainda haja um analfabetismo que gira em torno de 8% na população de 15 anos e mais.

Paulo Freire afirmava que nesse empreendimento são requeridas ações "afetivas e efetivas" com características libertadoras e para tanto os aspectos políticos e emancipatórios são conjuntos essenciais dos processos de alfabetização. O afeto e a empatia com o qual se ensina é parte constituinte da aprendizagem. A relevância política do que é ensinado também é capital para a leitura e compreensão do contexto socioeconômico e cultural como um todo.

Reflexões em torno da questão sócia educacional nos levam a acreditar que numa sociedade pautada no ideário de justiça e consolidação de direitos, o investimento no ser humano constitui o centro dos planejamentos educacionais. O compromisso político, o respeito, a solidariedade e tolerância são valores principais trabalhados no contexto das aprendizagens. Discutir direitos básicos é uma forma de contribuiria para consolidar uma prática mais solidária no processo educacional. Essa sociedade solidária e letrada é possível se as políticas sociais forem postas em prática. Para existir a sociedade justa é preciso a existência do homem justo e da mulher justa, de uma sociedade justa e, assim, preocupada com a real emancipação de todos.

As políticas públicas existentes se referem à formação integral dos sujeitos e à capacitação para o exercício pleno da cidadania e para o trabalho digno. Essas políticas, ao serem implementadas, precisam estar voltadas para as especificidades, necessidades, características e direitos desses estudantes, assim como para a preparação dos professores e das escolas com o conforto necessário à aprendizagem dessa população.

Parafraseando César Coll (1987), tão importante quanto o que se ensina e se aprende é como se ensina e como se aprende. Devemos quebrar o paradigma que a escola é um local onde só se transmite conteúdo; na escola é possível criar, construir novos conteúdos e posturas políticas; a instituição educacional é responsável por transformar e construir uma nova sociedade mais solidária e justa, além de preparar cognitivamente seus alunos. A verdadeira escola assume a postura crítica perante a sociedade visando torná-la igual e de alta qualidade para todos.

Neste contexto, emerge a necessidade de uma Educação de Jovens e Adultos com vistas a emancipação e a participação social dos sujeitos envolvidos. Além de a educação ocupar-se das habilidades cognitivas e sociais de modo a capacitar os sujeitos para analisar informações, suscitar discussões e posicionar-se crítica e criativamente, precisa prepará-los para o exercício consciente da cidadania e a busca de direitos já assegurados e dos não assegurados ainda, como a alfabetização de qualidade e a educação para todos durante toda a vida. A alfabetização requerida vai além, muito além do ler, escrever e contar e preparar para construir um mundo mais socialmente justo e igualitário com relação às oportunidades necessárias para cada um seguir seu rumo e afirmar-se socialmente. Por fim, vale citar o educador. Ele afirmava afirmava que ninguém ensina ninguém, aluno e professor aprendem conjuntamente mediante o diálogo e a interação das trocas de saberes. Esse processo é continuo e dura toda a vida, enquanto há vida há construção do conhecimento. Conhecimento esse, que faz eliminar visões preconceituosas e excludentes.

Referências

Amorim, A. (2012). Políticas Públicas em educação, tecnologia e gestão do trabalho docente. Salvador: Eduneb.

Antunes, Â. e Brandão, C. (2014). *Apresentação. Uma data para lembrar, um sonho a retomar*, IN Por uma política nacional de Educação popular de jovens e adultos. São Paulo: Moderna: Fundação Santillana.

Brasil. Lei de Diretrizes e Bases da Educação Nacional - LDB n° 9394/96. < http://www.onu.org.br/index.php?s=alfabetiza%C3%A7%C3%A3o&x=0&y=0> acesso em 29/03/2017, às 20h45.

Brasil. http://brasilemsintese.ibge.gov.br/educacao/taxa-de-analfabetismo-das-pessoas-de-15-anos-ou-mais.html.

Brasil. Plano Nacional de Educação. Lei 13.005 de 2014. http://www.observatoriodopne .org.br/uploads/reference/file/439/documento-referencia.pdf.

Capucho, V. (2012). Educação de jovens e adultos: prática pedagógica e fortalecimento da cidadania. Coleção educação em direitos humanos (3) São Paulo: Cortez.

Coll, C. (1987). *Psicologia e Currículo*. Cuadernos de Pedagogia. Barcelona: Laia.

Di pierro, M., Joia, O. e Ribeiro, M. (2001). Visões da Educação de Jovens e Adultos. Cadernos Cedes, ano XXI, 55, novembro.

Ferraro , R. (2004). Analfabetismo no Brasil: desconceitos e políticas de exclusão. Disponible en <https://periodicos.ufsc.br/index.php/perspectiva/article/viewFile/10086/9311 > *acesso em 26/07/2018*.

Freire, P. (2005). Educação como prática da liberdade. Rio de Janeiro: Paz e Terra.

Couto, M. (2009). *Freitas, Katia Siqueira de Gestão da educação: a formação em serviço como estratégia de melhoria da qualidade do desenvolvimento escolar*.In cunha, Gestão municipal nos municípios :entraves e perspectives, p. 166-198. Salvador: Edufba.

FREITAS, Katia Siqueira de Gestão da educação: a formação em serviço como estratégia de melhoria da qualidade do desenvolvimento escolar.IN CUNHA, Maria Couto (2009.pp 166-198). Gestão municipal nos municípios: entraves e perspectivas. Salvador:EDUFBA.

Algumas considerações sobre a política de educação de jovens e adultos e a qualidade da educação. IN SILVA, Maria Monteiro; COSTA, Graça Santos; LIMA, Isabel Maria Sampaio Oliveira. (orgs) (2016, pp. 161-73). Salvador:EDUFBA.

In Silva, Monteiro, M., Costa, G., Lima e Sampaio, I. (coords.) (2016). Algumas considerações sobre a política de educação de jovens e adultos e a qualidade da educação. Salvador: Edufba.

Galvão, A. e Di Pierro, M. (2007). Preconceito contra o analfabeto. São Paulo: Cortez, Preconceitos, (2).

Gadotti, M. e Romão, J. (2006). Educação de Jovens e Adultos: Teoria, prática e proposta. São Paulo: Cortez: Instituto Paulo Freire.

Gadotti, M. (2014). Por uma Política Nacional de Educação Popular de Jovens e de Adultos. São Paulo: Moderna.

Goffman, I. (2004). Estigma: notas sobre a manipulação da identidade deteriorada. Rio de Janeiro: LTC.

IBGE. Brasil em Síntese (2015). < http://brasilemsintese.ibge.gov.br/educacao/taxa-de-analfabetismo-das-pessoas-de-15-anos-ou-mais.html> acesso em 29/03/2017, às 20h50.A

INEP Vide <http://portal.inep.gov.br/artigo/asset_publisher/B4AQV9zFY7Bv/content/inep-divulga-dados-ineditos-sobre-fluxo-escolar-na-educacao-basica/21206.

Michalovicz, C. (2018). Desigualdades Escolares e Políticas Educacionais: Uma Perspectiva Histórica. Disponível em <http://educere.bruc.com.br/arquivo/pdf2017/23893_14237.pdf> Acesso em 26 de julho, 2018.

ONU (1948). Declaração dos Direitos Humanos. Disponível em< <http://www.onu.org.br/index.php?s=alfabetiza%C3%A7%C3%A3o&x=0&y=0> acesso em 29/03/2017, às 20h45.

Pupo, V. (2011). Disposições Culturais e analfabetismo no Brasil: História de exclusão educacional. Programa de Pós-Graduação em Educação da Universidade de São Paulo.

Torres, R. (2001). Educação para Todos: a tarefa por fazer. Porto Alegre: Artmed.

SECCIÓN II

Prácticas e instrumentos

Autobiografia e a formação de professores de jovens e adultos: entrelaces e reflexões

Jackeline Silva Cardoso
Tânia Regina Dantas

A temática deste artigo destina-se ao estudo da formação e da formação de professores na especificidade da EJA. A finalidade é estabelecermos reflexões sobre a formação, de maneira a compreender a sua dimensionalidade no processo de construção do sujeito enquanto ser individual e coletivo, percebendo-a como algo decorrente das interações estabelecidas entre o sujeito e o ambiente (ecoformação), o sujeito e os outros sujeitos (heteroformação) e o sujeito consigo mesmo (autoformação).

O principal objetivo desse artigo é destacar a importância das narrativas autobiográficas como dispositivos metodológicos fundantes em processos de formação de professores de escolas públicas.

Em um primeiro momento, iremos discorrer acerca da autobiografia, da pesquisa (auto) biográfica e a sua contribuição no campo da educação, especialmente para a formação de professores.

No segundo momento, iremos dialogar sobre a formação de professores, sob o olhar que enxerga o professor como protagonista da sua formação, isto é, investigador de si e da sua prática. Evidenciamos, também, a importância de uma formação de professores para a EJA que considere as características que perpassam a esse universo, de maneira a refletir a formação como lugar de constituição e fortalecimento das identidades pessoal e profissional.

Trata-se de uma abordagem qualitativa, centrando-se na pesquisa (auto) biográfica; esse trabalho foi realizado tendo por dispositivo de obtenção das informações a entrevista narrativa, a qual foi realizada, individualmente, com cinco professores que atuam na EJA, adotando por *lócus* uma escola da rede pública.

Para entendermos a pertinência de um trabalho investigativo no campo da EJA, é bom saber que o IBGE (2015) informou que o Brasil possuía um quantitativo de 11,5 milhões de pessoas, com faixa etária de 15 anos ou mais, que não tiveram acesso à escolarização. Na Bahia, essa informação se mostra ainda mais marcante, cerca de 12,7% da população dessa faixa etária ainda não dominava/domina a leitura e a escrita. Esses jovens e adultos são sujeitos de direitos que não tiveram acesso à escolarização básica.

Convém destacar que esse texto se insere no domínio da autobiografia que teve como teórico e historiador, o francês Philippe Lejeune (1975) que conceitua essa abordagem como "escrito retrospectivo em prosa que uma pessoa real faz de sua própria existência, quando ela enfatiza sua vida individual, em particular a história de sua própria personalidade" (p. 14). Ele destaca que a autobiografia se inscreve no campo do conhecimento histórico (desejo de saber e de compreender) e no campo da ação (promessa de oferecer essa verdade aos outros) tanto como no campo da criação artística.

As escritas autobiográficas vêm sendo empregadas com sucesso nos contextos formativos de professores, sobretudo em processos de formação continuada, uma vez que proporcionam a reflexão, a análise, os questionamentos sobre experiências vivenciadas no cotidiano, como anuncia Dantas (2009).

A pesquisa (auto)biográfica na educação: entrelaçando reflexões

A pesquisa (auto) biográfica configura-se em uma das importantes metodologias de pesquisa, pois possibilita a valorização e o reconhecimento da dimensão das histórias e das experiências de vida do sujeito. Ela é interpretada como um meio que proporciona ao sujeito colocar-se em evidência, visto que ele se torna objeto de pesquisa, investigador de si, isto é, permite ao sujeito a problematização de si, a reflexão de sua condição, suas ações, seus conceitos, desencadeando um movimento formativo.

Enfatizamos aqui, a pesquisa (auto)biográfica como elemento que contribui para o processo de compreensão não apenas das questões pessoais e profissionais que perpassam ao sujeito, mas também em um importante mecanismo sociológico, visto que permite perceber a realidade social, histórica, cultural do indivíduo.

É importante destacar que autores como Ferrarroti (2010) e Finger (2010) utilizam o termo método biográfico; Nóvoa (2010) utiliza tanto a terminologia método biográfico, quanto método (auto)biográfico. A autora Delory –

Momberger (2012) traz o termo pesquisa biográfica e Souza (2014) utiliza por terminologia pesquisa (auto)biográfica, sendo esta última a terminologia adotada para construção dessa pesquisa.

Essa modalidade de pesquisa tem ganhado cada vez mais espaço no âmbito das ciências sociais, principalmente no campo educacional. Tal abordagem de investigação insere o sujeito em um movimento de reflexão e formação, potencializando que por ela podemos conhecer e investigar as experiências significativas que perpassaram e influenciaram a construção do sujeito. Souza (2014) relata:

> No campo educacional brasileiro, as pesquisas (auto)biográficas tem se consolidado como perspectiva de pesquisa e como prática de formação, tendo em vista a oportunidade que remete tanto para pesquisadores quanto para sujeitos em processos de formação narrarem suas experiências e explicitarem, através de suas narrativas orais e/ou escritas diferentes marcas que possibilitam a construção de identidades pessoais e coletivas (p.40).

Quando nos referimos à pesquisa (auto) biográfica, estamos a tratar não unicamente de uma modalidade de pesquisa, mas, principalmente, de um processo de investigação sobre a formação pessoal, social e profissional, por meio do qual sujeito questiona a si e ao contexto inserido de maneira a refletir e transformar a sua identidade.

Tessituras reflexivas sobre a formação de professores

Ao rememorar as nossas histórias de vida imergimos em um momento de reflexão e reconstrução da nossa própria história e existência. Adentramos a um processo complexo de reelaboração do ser, de quem nos tornamos, bem como de resgate de desejos ainda latentes em nós. O rememorar nos faz resgatar experiências que muitas vezes estavam muito bem guardadas.

O ato de falar de si é um dos momentos que nos enxergamos como protagonistas de nossa vida. Vidas estas marcadas pelas labutas, pelas alegrias, prazeres, partilhas, medos e desafios; caminhos que percorremos e que colaboram à formação das nossas identidades individuais e coletivas.

A formação possui sua dimensionalidade e, portanto, não pode ser restrita aos moldes curriculares, uma vez que transcende essa lógica; ela precisa ser tratada em sua complexidade, de forma a considerar as experiências elaboradas na cotidianidade dos sujeitos.

A formação é ato intrínseco à nossa existência; é algo permanente em nossas itinerâncias de vida; esse é um dos motivos que não devemos reduzi-la a cursos, programas, oficinas, como Nóvoa (1995) informa:

> A formação não se constrói por acumulação (de cursos, de conhecimentos ou de técnicas), mas sim através de um trabalho de reflexividade crítica sobre as práticas e de (re)construção permanente de uma identidade pessoal. Por isso é tão importante investir a pessoa_e dar um estatuto ao saber da experiência (p. 25).

Josso (2010, p. 66), também, faz uma importante crítica acerca da concepção de formação que se limita aos modelos escolares, nos leva a compreender a necessidade de romper com a ideia corrente de que "[...]a formação se efetua em locais de índole educativa, e que só é "efetiva" à medida que sancionada por uma certificação".

Interpretar a formação apenas sob a perspectiva de cursos e programas de aprimoramento é fazê-la perder seu significado e sua dimensão no processo de constituição histórica, cultural, educativa que se insere na experiência de todo o sujeito. A formação é ato inerente a nossa vida, como descreve Bragança (2011):

> [...] a formação é um processo interior; ela liga-se à experiência pessoal do sujeito que se permite transformar pelo conhecimento. Assim, podemos afirmar que, potencialmente, todos os espaços e tempos da vida são espaços e tempos de formação e de transformação humana (grifo nosso) (p. 158).

A formação advém assim de um processo de pertencimento, de envolvimento, não é possível haver formação se algo não nos sensibilizar, não estabelecer o toque, o qual interpretamos por experiência. Bondía (2002) descreve:

> A experiência, a possibilidade de que algo nos aconteça ou nos toque, requer um gesto de interrupção, um gesto que é quase impossível nos tempos que correm: requer parar para pensar, para olhar, para escutar, pensar mais devagar, olhar mais devagar, e escutar mais devagar; parar para sentir, sentir mais devagar, demorar-se nos detalhes, suspender a opinião, suspender o juízo, suspender a vontade, suspender o automatismo da ação, cultivar a atenção e a delicadeza, abrir os olhos e os ouvidos, falar sobre o que nos acontece, aprender a lentidão, escutar os outros, cultivar a arte do encontro, calar muito, ter paciência e dar-se tempo e espaço (p. 24).

Ao nos referirmos à experiência, o fazemos sob a perspectiva de Bondía (2012, p. 21) que a define como aquilo que "nos passa, que nos acontece, o que nos toca". Podemos compreendê-la como aquilo que nos marcou, que exerceu em nós sentido e significado, por isso é fundamental, tratarmos a formação como originária da experiência, pois o ato formativo decorre de elementos, situações, espaços e sujeitos com os quais interagimos no percurso da nossa existência.

A experiência decorre do compartilhamento, da escuta, das interações a que estamos envolvidos, do ato de expressar as nossas vozes e também os nossos silêncios; se dá na temporalidade das nossas vivências. Ela é fundamental à nossa formação, uma vez que o ato formativo origina-se do processo reflexivo das experiências a que nós percorremos. Josso (2010) adverte que a formação surge da experiência, caso contrário, não é formação.

A palavra formação comporta uma grande variedade de significados. Não é fácil definir, quando falamos de formação, de que estamos falando exatamente. A formação não se limita nem a um diploma, nem a um programa, nem a uma lei. Reconhecida como necessária para o exercício de uma profissão, ela também faz parte da nossa vida pessoal. (Dominicé, 2012, p. 19, grifo nosso).

Portanto, a nossa formação é algo particular; as experiências vivenciadas são únicas a cada sujeito. São essas experiências particulares atreladas às interações estabelecidas com os demais sujeitos e com o meio inserido que são responsáveis pela construção da nossa identidade pessoal e, também, coletiva. Moita (2007) compartilha:

O processo formativo pode assim considerar-se a dinâmica em que se vai construindo a identidade de uma pessoa. Processo em que cada pessoa permanecendo ela própria e reconhecendo-se a mesma ao longo de sua história, se forma, se transforma em interação (p. 115).

É no ato formativo que nos refletimos enquanto pessoa, ser social, cultural, político. Formar-se implica uma constante reflexão das nossas subjetividades e coletividades, significa adentrar a dialética da nossa condição individual e social, em que cada sujeito por meio de suas interações constrói o seu próprio percurso de formação (Josso, 2010).

Para falarmos de formação é necessário reconhecê-la em seus diferentes movimentos, que ocorrem numa relação de interdependência. Pineau (2010) reflete sobre a existência de uma tríade que desencadeia a formação do sujeito, a qual é definida por: heteroformação, ecoformação e autoformação.

Entre a ação dos outros (heteroformação) e a do meio ambiente (ecoformação) parece existir ligadas a estas a última e dependentes delas, mas à sua maneira, uma terceira força de formação, a do eu (autoformação). Uma terceira força que torna o decurso da vida mais complexo e que cria um campo dialético de tensões, pelo menos tridimensional, rebelde a toda a simplificação unidimensional [...] (Pineau, 2010, p.99, grifo do autor).

Desta maneira, pensar a formação significa entender o movimento que acontece a partir dessas três estruturas de formação: a dimensionalidade do meio ambiente (ecoformação), dos outros (heteroformação) e do eu (autoformação) que decorrem de um processo dialético.

A formação é originada da reflexão sobre o próprio eu, e/ou dos outros sujeitos e dos meios a que estamos envolvidos, que, consequentemente, constitui a nossa identidade pessoal e coletiva. Falar em formação significa caminhar não só ao campo da experiência, mas também, da reflexão. A reflexão é uma das bases promotoras da formação, visto que por ela somos inseridos em um processo de problematização e conflito, que nos impulsiona a possibilidade de construção crítica, de mudança, de aperfeiçoamento, ou de transformação da nossa condição e de consolidação da nossa identidade.

Dominicé (2012) afirma que o conhecimento da formação é indissociável da reflexão, que é elaborada pelos sujeitos no conjunto de suas ações no contexto a que estão envolvidos. Sendo que este processo se dá por meio do questionamento, da problematização, que, possivelmente, levará o sujeito à reconfiguração, transformação de suas concepções e práticas.

Paulo Freire advertia sobre a necessidade de uma educação que levasse a sociedade à sua conscientização, sendo esta entendida não apenas como o desvelamento da realidade, mas sim, na sua reflexão e transformação; bem como da formação de sujeitos autônomos, isto é, capazes de agir por si, ter uma postura ativa ante si e a sociedade (Freire, 2011). Entretanto, para ter uma postura autônoma e consciente é preciso viver o movimento da reflexão como descreve Freire (1967, p.57):

> [...] uma educação que, por ser educação, haveria de ser corajosa, propondo ao povo a reflexão sobre si mesmo, sobre seu tempo, sobre suas responsabilidades, sobre seu papel no novo clima cultural da época de transição. Uma educação, que lhe propiciasse a reflexão sobre seu próprio poder de refletir [...] (grifo nosso).

A reflexão tem poder no processo de construção do nosso eu (autoformação), sobre os tempos e contextos a que estamos imersos (ecoformação), sobre as nossas atitudes e comportamentos ante aos outros sujeitos e a nós mesmos (hetero e (auto) formação).

A reflexão pode, então, ser compreendida como o ato do sujeito colocar a si, o meio e os outros sujeitos em evidência. Esta reflexão é estabelecida pelo processo de problematização, questionamento de si e dos contextos em suas diferentes dimensões: sociais, econômicas, políticas, históricas, educacionais e culturais a que está inserido. O ato reflexivo oportunizará a tomada de consciência do sujeito e/ou do grupo pertencente, o que acreditamos repercutir em sua transformação, que, consequentemente, exercerá influência no ato formativo. Pela reflexão somos estimulados a ressignificar conceitos, comportamentos, valores e conhecimentos que são determinantes à construção de nossas práticas.

Assim como a formação, a reflexão se configura em uma atividade contínua, pois estamos em constante questionamento e reformulando conceitos e ações. Júnior (2010, p. 581), parafraseando Perez Gomez, entende a reflexão como:

> [...] a capacidade de se voltar sobre si mesmo, sobre as construções sociais,
> sobre as intenções, representações e estratégias de intervenção, supõe a
> inevitabilidade de utilizar o conhecimento à medida que vai sendo
> produzido, para enriquecer e modificar a realidade e suas representações,
> as próprias intenções e o próprio processo de conhecer (grifo nosso).

É nesse processo de nos colocarmos em atitude reflexiva, que passamos a nos perceber, também, enquanto sujeitos responsáveis por nossa formação. É no ato de apropriação daquilo que somos, de consciência e de transformação dos nossos conceitos e ações, que estamos a experienciar a formação e, consequentemente, a ressignificação e fortalecimento de nossa identidade individual e coletiva.

Bragança (2011) reflete que a formação é o que alimenta a dinâmica da nossa transformação identitária, numa perspectiva de ressignificação de si e do outro; também adverte que:

> [...] a formação e o processo identitário se encontram e se constituem
> campo de interseção na transformação do sujeito, sendo a primeira
> processo de conhecimento vital em movimento e o segundo reflexo
> provisório desse processo (p. 162).

A formação e a construção identitária do sujeito estão imbricadas, ambas se intercruzam, entretanto, não podem ser tratadas como iguais. Bragança (2011) declara que a formação é um processo onde o sujeito está em constante reflexão sobre as movimentações, as interações estabelecidas com o meio, com os outros e consigo mesmo; já o processo identitário é originado da ação formativa; ele é algo "provisório", ou seja, as identidades são reformuladas, ressignificadas, conforme a formação que experienciamos.

Além de fomentar a construção da nossa identidade, a formação, também, é articuladora da nossa autonomia, pois como declara Freire (1996) a formação, atrelada à reflexão, atua como possibilitadora da autonomia do sujeito.

Quanto a esses movimentos que envolvem o processo formativo, Nóvoa (1992), citando Dominicé (1986, p.13), revela que "[...] a formação vai e vem, avança e recua, construindo-se num processo de relação ao saber e ao conhecimento que se encontra no cerne da identidade pessoal". É desse processo de idas e vindas, de apropriações e dasapropriações de saberes, conhecimentos, concepções e práticas, permitidos por um conjunto de interações, experiências e reflexões, que acabam por nos fazer viver a formação.

É fundamental a valorização da pessoa, visto que por ela reconhecemos os saberes, os conhecimentos, as experiências a que esta pessoa é possuidora, bem como as trajetórias formativas por ela experienciadas. Passeggi e Souza (2010) apresentam que a formação é originária dos atos de termos, fazermos e pensarmos a experiência, em que envolvido a estes processos está o princípio do sujeito tomar consciência de si, bem como das suas aprendizagens experienciais. Moita (2007) indica que:

> Ninguém se forma no vazio. Formar-se supõe troca de experiências, interações sociais, aprendizagens, um sem fim de relações. Ter acesso ao modo como cada pessoa se forma é ter em conta a singularidade da sua história e sobretudo o singular como age, reage e interage com os contextos (p. 115).

Assim, a formação se dá através de um processo de interação, em que os outros sujeitos, o contexto a que nos encontramos inseridos, as situações, as experiências, são significativas e, também, condicionantes à nossa constituição enquanto pessoa, ser histórico, cultural, educacional e social.

Cada sujeito vivencia a sua formação de forma singular, visto que cada um de nós percebe e interage com o mundo a partir de nossas experiências, das nossas impressões e interações estabelecidas com o outro e o meio ambiente.

Dantas (2008, p. 124-125) compreende que "[...] O professor é uma pessoa com sua singularidade, historicidade e que produz significados no seu processo de aprendizagem. A dimensão pessoal demarca a construção e reconstrução de uma identidade [...]". Reafirmamos que não podemos tratar de formação de professores sem adentramos ao campo das experiências, das histórias de vida e formação.

O traçado, os dispositivos metodológicos e as narrativas

As implicações teórico-metodológicas nos motivaram a esta pesquisa que possui por objeto de estudo as trajetórias formativas de professores. As questões norteadoras que promovem este trabalho centram-se em compreender: Quais são as trajetórias formativas evidenciadas nas narrativas (auto) biográficas dos professores da Educação de Jovens e Adultos de uma escola da Rede Pública? Como elas podem contribuir para refletir a formação de professores para a EJA?

Em conformidade com as questões que orientam este estudo é que nosso objetivo geral delimitou-se em: compreender, por meio das narrativas (auto) biográficas, quais as trajetórias formativas dos professores da Educação de Jovens e Adultos de uma escola da Rede Pública, e de como a reflexão sobre estas vivências narradas podem contribuir na formação de professores para a EJA.

Como dispositivo metodológico foi utilizada a entrevista narrativa que na concepção de Jovchetlovitch e Bauer (2010), é em uma técnica de entrevista semiestruturada, que nos concede um contato em profundidade com as experiências de vida dos informantes/narradores. De acordo com os autores, no processo de realização das EN a influência do entrevistador deve ser mínima, uma vez que entende que o processo narrativo é algo voluntário, pertencente ao sujeito, e que não pode delimitar-se a um conjunto de perguntas e respostas.

O entrevistador precisa ter elaborado elementos norteadores que promovam a EN, Jovchetlovitch e Bauer (2010, p. 97) definem como "*questões exmanentes,* as quais refletem os "interesses do pesquisador. Para este estudo, nos atemos a algumas temáticas geradoras da narrativa, são elas: escolarização; entrada e trajetória formativa na profissão e na EJA; outros tempos e espaços de formação.

Diante da dimensão que envolve as narrativas (auto) biográficas é que a perspectiva de análise desta pesquisa é demarcada pela análise compreensiva – interpretativa evidenciada por Souza (2004; 2014), que se inspira na fenomenologia e hermenêutica de Paul Ricouer (1990) para elaboração dessa tipologia de análise.

Segundo esses autores, é necessária uma trilogia para a interpretação das narrativas e produção das informações, a qual envolve os seguintes tempos: Tempo I – Leitura Cruzada; Tempo II – Leitura Temática e Tempo III – Análise compreensiva – interpretativa.

Essa pesquisa foi elaborada a partir da colaboração de cinco professoras atuantes nas turmas de EJA de uma escola pública da rede municipal, no interior da Bahia. Delimitamos esse quantitativo devido ao fato de trabalharmos com o dispositivo das entrevistas narrativas. Entendemos as entrevistas narrativas como dispositivos, pois elas se configuram linhas multilineares, isto é, permitem o acesso à variadas questões que envolvem o sujeito, é desbravar os trajetos que o constituem e que constroem as suas linhas de subjetivação, a sua identidade. A narrativa é dispositivo, pois permite viver a crise, o conflito, já que somos levados a rememorar a nossa experiência, refletir nossa condição e como esse ato nos constitui pessoa (Deleuze, 2015).

A experiência possibilitada pela entrevista narrativa é marcada por subjetividades e singularidades que necessitam ser observadas e apreendidas pelas pesquisadoras no decorrer das análises para sistematização desse estudo. Estas análises tiveram sua centralidade na compreensão das trajetórias formativas destas professoras, buscando, a partir de tais, perceber possíveis elementos sinalizados em suas narrativas que poderiam contribuir para refletir na formação de professores.

O primeiro caminho percorrido para a obtenção das entrevistas narrativas foi a construção de um roteiro, o qual teve a finalidade de nortear o desenvolvimento das narrativas das participantes e contemplar o objeto de estudo. A construção desse roteiro deu-se por meio do que chamamos de *temáticas geradoras* que atuaram como mobilizadoras da experiência narrativa, isto é, a finalidade dessas temáticas era orientar a entrevista narrativa, de forma que as participantes compreendessem quais aspectos de sua narrativa seriam observados na construção da pesquisa. As temáticas escolarização, entrada e trajetória formativa na profissão e na EJA e Outros espaços e tempos de formação atuaram como macroestruturas, que nos possibilitaram chegar às microestruturas e estas nos fizeram perceber as singularidades de cada experiência narrativa, contribuindo à efetivação da análise.

Após a realização de cada EN logo procedemos com sua transcrição e textualização de forma a não perder elementos, características, perceptíveis pelas pesquisadoras no decorrer da narrativa de cada participante. Essas entrevistas narrativas foram devolvidas às suas respectivas narradoras com a finalidade de verificarem a integralidade de suas narrativas e autorizarem ou não a sua publicação; todas se mostraram favoráveis à sua divulgação.

Constatamos que todas as professoras participantes deste estudo têm um largo tempo de experiência na docência e, além de possuírem a formação exigida para exercício da função, também são pós-graduadas, o que significa a busca pelo conhecimento e pela melhoria das suas práticas de ensino. Quanto ao tempo de atuação na Educação de Jovens e Adultos, foi perceptível uma variação, o que contribuiu para que enxergássemos as trajetórias dessas profissionais sob variadas vertentes, tanto daquelas que estão há maior tempo na EJA, quanto as que estão há pouco tempo. Essa variabilidade temporal potencializou e contribuiu para traçarmos diferentes compreensões sobre como podemos refletir uma formação de professores para esta modalidade educativa.

O ingresso na docência é uma das unidades de análises temáticas presentes no decorrer da experiência narrativa das participantes; todas elas sinalizaram o que as levaram a ingressar nessa profissão, indicando que ser professora não era uma escolha profissional, mas que devido a determinadas circunstâncias tiveram que ingressar nesta carreira, como nos indica a professora Andiroba "[...] Eu não tinha muito o objetivo de ter essa profissão, a docência [...] mas as coisas foram acontecendo [...]".

No contexto das narrativas das docentes visualizamos que os determinantes para o ingresso na profissão foram, principalmente, de natureza econômica e familiar, sendo que ambos são atravessados pelas questões sociais. Atentemo-nos à narrativa da seguinte professora:

Gostei muito de estar fazendo o magistério, pois era um curso que podia me garantir uma futura profissão e era o que eu precisava [...] Eu fui fazer o magistério, primeiro porque naquela época não tinha opções e por isso fui fazer (Angico, grifo nosso).

Assim como no ingresso dessas professoras na docência, a Educação de Jovens e Adultos, *a priori*, surge em suas vidas devido à necessidade de complementação de carga horária, realidade esta que não difere de outros lugares, como indica Di Pierro e Graciano (2003, p. 23) "[...] a docência em turmas de educação de jovens e adultos é utilizada para complementar em período noturno a jornada de trabalho dos docentes que atuam com crianças e adolescentes no período diurno". As narrativas a seguir exemplificam esta realidade:

Eu entrei na EJA para complementar a carga horária (Angico).

Minha entrada na EJA um ano foi para poder conciliar 60 horas, com isso eu pedi para ficar, só que aí uma colega não abriu mão do horário, eu até peguei matemática que não era nem minha área para poder complementar para que eu ficasse 20 horas à noite, mas aí como ela não abriu mão, eu decidi deixar e voltar para a tarde, aí fechou minhas horas, deixei a EJA. No outro ano a diretora me pediu para ir pra noite [...]. Ela me pediu: Olha "fulana", como você tem um jeito com os meninos aí você vai para a noite (Jurema, 2018).

Na EJA entrei por falta, assim [...] Eu sempre conheci o trabalho da EJA, houve um tempo que tivemos que parar com a EJA a noite ficamos dois anos sem turmas. Na verdade, na EJA eu caí de paraquedas, eu "sobrei" durante o dia (risos), aí pensei se tem EJA, vamos para a EJA, pronto e acabou! (Aroeira).

No processo das narrativas, as docentes apresentam alguns direcionamentos sobre como poderiam ser articuladas as reuniões de formação de professores, conforme expresso nos seguintes excertos:

O ano passado tivemos um curso da EJA, mas o curso ele não foi um curso muito específico para mostrar: vamos montar atividade, vamos fazer um planejamento, foi mais assim uma pesquisa, só mostrando algumas pesquisas da EJA, alguns dados, depoimentos. Então você vê que não tem muito aquele foco para pensar o currículo. Às vezes até discute, mas é uma discussão que às vezes morre ali, por conta da falta de apoio do próprio setor educacional (Andiroba).

O ano passado teve formação, [...] eu optei por não ir, porque os outros encontros acrescentava muito pouco [...] nos primeiros anos que eu participava a coordenadora nos auxiliava bastante, além de nos atender por disciplina, eu era geografia ela atendia todos os professores de geografia nós íamos discutir o conteúdo que nós iriamos trabalhar, ela trazia temas que poderiam ser trabalhados na sala de aula, montava projetos juntamente conosco, dava-nos textos que poderíamos trabalhar para além do livro. A formação daquela época, na época em que eu participei eu gostava, eu achava muito interessante, mesmo (Angico).

As narradoras nesses excertos nos indicam que a formação professores para esta modalidade educativa precisa estimular não só a reflexão sobre as pesquisas até então construídas sobre a EJA, é preciso que as formações discutam e empreendam ações para a cotidianidade da sala de aula e do espaço escolar, as mesmas apontam a importância da construção de uma planejamento coletivo, estruturado por meio do diálogo entre os professores, sobre os projetos e os conteúdos a serem desenvolvidos na prática pedagógica, os quais dão direcionamento à constante (re)construção dos currículos da EJA. Nas entrelinhas, estas professoras advertem sobre a dimensão de uma formação continuada que tenha operacionalidade na prática, a qual não se restrinja apenas às discussões teóricas.

Conclusão

Os professores devem ser vistos como um dos principais articuladores nas políticas de formação docente para a EJA e, por tal motivo, suas vozes, seus saberes, experiências precisam ser reconhecidas e valorizadas pelas propostas de formação, visto que são eles que convivem diariamente com os enfrentamentos e demandas do universo educacional (Arroyo, 2017 e Soares, 2015). É a partir da valorização desses profissionais que é possível articular políticas de formação efetivas para a EJA como Dantas (2009) destaca:

> [...] o professor da EJA precisa ser mais valorizado, necessita ser visto como alguém que detém saberes construídos a partir de sua própria prática, como sujeito consumidor e produtor de teoria e que pode intervir decisivamente na formulação de políticas públicas, sobretudo nas políticas de formação do educador. O lugar da formação deve ser um *lócus* de reflexão crítica sobre a prática (p. 542).

O investimento na formação de professores para a EJA é um dos dispositivos para a construção de uma educação de qualidade. Pensar a formação de professores para esta modalidade é um dos desafios a ser enfrentado, visto que é preciso reconhecer as características e dimensionalidades que a compõe. É na reflexão dos seus profissionais, contextos, especificidades que se torna possível a reflexão e articulação da política de formação de professores.

Esta pesquisa trouxe discussões sobre a formação de professores na EJA, a partir das trajetórias formativas evidenciadas nas entrevistas narrativas. Sua relevância se estruturou na contextualização da oferta da EJA no âmbito do município; bem como na reflexão e empreendimento de ações para a formação de professores, com vistas à proposição de uma educação de qualidade.

As experiências docentes destas professoras, expostas em suas narrativas autobiográficas, discorrem sobre um conjunto de direcionamentos que leva à reflexão sobre a constituição dos profissionais que atuam na EJA, dentre as quais são indicadas: postura crítica diante do contexto educacional; reconhecimento dos diferentes saberes (curriculares, experiências, da formação profissional, disciplinares e pessoal), especialmente o saber da experiência e o saber pessoal, a que o educador é possuidor; a percepção das singularidades e especificidades que integram a EJA, considerando os seu público, alunos-trabalhadores, sujeitos de direitos; o comprometimento do docente e do poder público na oferta de uma educação de qualidade. Estas percepções atuam como direcionamentos para a articulação e uma política de formação de professores para a EJA.

Em conclusão, este trabalho buscou dialogar, a partir das trajetórias formativas dos docentes da EJA, a dimensionalidade da formação de professores para a construção de uma Educação de Jovens e Adultos sensível e comprometida com os seus educandos. Uma educação que busque o desenvolvimento da autonomia, da criticidade e da cidadania, por meio de ações pedagógicas e curriculares que exercem sentidos aos percursos de vida e profissionais de educadores e educandos.

Referências

Arroyo, M. (2017). Passageiros da Noite do Trabalho para a EJA: itinerários pelo direito de uma vida justa. Petrópolis, Rio de Janeiro: Vozes.

Larossa, J. (2002). Notas sobre a experiência e o saber da experiência. Revista Brasileira de Educação. Rio de Janeiro, (19), p. 20 – 30.

Bragança, I. (2011). Sobre o conceito de formação na abordagem (auto)biográfica. Revista Educação, Porto Alegre, 2 (34) p. 157 – 164.

Dantas, T. (2008). A Prática da Formação em EJA e Narrativas Autobiográficas de Professores de Adultos. Revista da FAEEBA – Educação e Contemporaneidade, Salvador, 29 (17), p. 119-136.

Dantas, T. (2009). Professores de adultos: formação, narrativa autobiográfica e identidade profissional. Tese (Doutorado em Educação). Universidade Autônoma de Barcelona, Espanha.

Deleuze, G. (2015). O Mistério de Ariana. Tradução: Edmundo Cordeiro. Lisboa: Passagens.

Delory-Momberger, C. (2012). A pesquisa biográfica: projeto epistemológico e perspectivas metodológicas. In: Abrahão, Maria Helena Menna Barreto; Passeggi, Maria da Conceição (Coord.). Pesquisa (Auto) Biográfica Temas Transversais: Dimensões Epistemológicas e metodológicas da pesquisa (auto) biográfica. Natal e Salvador: Edufrn, Eduneb e EdiPUCRS.

Di Pierro, M. e Graciano, M. (2003). A Educação de Jovens e Adultos no Brasil. In: Ação Educativa. Informe apresentado à Oficina Regional da UNESCO para América Latina y Caribe. São Paulo, junho 2003. Disponível em: <https://alfabetizarvirtualtextos.files.wordpress.com/2011/08/a-educac3a7c3a3o-de-jovens-e-adultos-no-brasil.pdf >.

Dominicé, P. (2012). A epistemologia da formação ou como pensar a formação. In: Macedo, Roberto Sidnei, (Org.). Currículos e Processos Formativo: experiências, saberes e culturas. Salvador, BA: Edufba, p. 19 – 38.

Finger, M. e Nóvoa, A. (Coord.) (2010). O Método Biográfico e Formação. Natal, RN: Edufrn; São Paulo: Paulus.

Freire, P. (1996). Pedagogia da Autonomia: saberes necessários à prática educativa. São Paulo: Paz e Terra.

Freire, Paulo (2011). Política e Educação: ensaios. 5. ed. São Paulo: Cortez.

IBGE (2015).Taxa de analfabetismo de 15 anos ou mais. Disponível em: https://www.ibge.gov.br/busca.html?searchword=pnad+2020.

Josso, Marie-Christine (2010). Experiências de Vida e Formação. Natal, RN: Edufrn; São Paulo: Paulus.

Jovchelovitch, S. e Bauer, M. (2010). Entrevista Narrativa. In: Bauer, M. e Gaskell, G. (Coord.). Pesquisa qualitativa com texto, imagem e som: um manual prático. Petrópolis: Vozes.

Júnior, V. (2010). Pensar e (Re)significar: a Importância da Reflexão sobre a Prática na Profissão Docente (2010). Revista Brasileira de Educação Médica. Rio de Janeiro, 34 (4), p. 580 – 586. Disponível em: http://www.scielo.br/pdf/rbem/v34n4/v34n4a14.pdf.

Lejeune, P. (1975). Le Pacte Autobiographique, Paris: Le Seuil.

Lejeune, P. (2005). Signes de vie. Le Pacte Autobiographique 2. Paris: Seuil.

Moita, M. (2007). Percursos de Formação e Trans-formação. In: Nóvoa, Antônio (Cord.). Vidas de Professores, p. 111 – 140. Portugal: Porto.

Nóvoa, A. (Coord.) (2007). Vidas de Professores. Portugal: Porto.

Nóvoa, A. (2010). A formação tem que passar por aqui: as histórias de vida no projeto Prossalus. In: Finger, Mathias ; Nóvoa, Antônio (Org.). O Método Biográfico e Formação. Natal, RN: Edufrn; p. 155 – 187, São Paulo: Paulus.

Nóvoa, Antônio (Org.) (1995). Os professores e a sua formação. Temas de Educação. Lisboa: Publicações Dom Quixote.

Passeggi, Maria da Conceição; Souza, Elizeu Clementino (2010). O método biográfico: pesquisa e formação. Josso, Marie-Christine. Experiências de Vida e Formação. Natal, RN: Edufrn, São Paulo: Paulus.

Pineau, Gaston (2010). A Autoformação no Decurso da Vida: entre a netero e a ecoformação. In: Finger, Mathias; Nóvoa, Antônio (Org.). O Método Biográfico e Formação. Natal, RN: Edufrn, p. 100-118, São Paulo: Paulus.

Ricouer, P. (1990). Interpretação e Ideologia. Tradução: Hilton Japiassú. 4. Ed. Rio de Janeiro: Francisco Alves.

Soares, L. (2015). A Formação de Educadores e as Especificidades da Educação de Jovens e Adultos em Propostas de EJA. In: Anais do V Seminário Nacional sobre Formação de Educadores de Jovens e Adultos. Campinas-SP: UNICAMP. Disponível em: <http://sistemas3.sead.ufscar.br/snfee/index.php/snfee/article/view/197>.

Souza, Elizeu Clementino de (2004). O conhecimento de si: narrativa do itinerário e formação de professores. Tese (Doutorado em Educação) - Faculdade de Educação, Universidade Federal da Bahia, Salvador, Bahia.

Souza, Elizeu Clementino (2014). Diálogos cruzados sobre pesquisa (auto)biográfica: análise compreensiva-interpretativa e política de sentido. Educação, Santa Maria, 1 (39), p. 39- 50.

40 anys de Formació d'adults. Perfils i orientacions de la formació d'adults a les Comarques Gironines

Irene Garcia Bretón

La formació d'adults com a tal comença amb la revolució industrial, quan s'associen els termes instrucció i industrialització. Durant el període d'industrialització les ciutats es comencen a desenvolupar ràpidament, aquest fet ve acompanyat d'un major nombre d'il·lustració en aquestes zones més industrialitzades, són les que tenen un índex més alt d'alfabetització, és en aquest moment on creix la preocupació per una formació de persones adultes, concretament Medina (Castany, 2009) diu "(...) que el fenomen pot associar-se a la presa de consciència del valor econòmic de la instrucció en la mesura que aquesta es considera un mitjà per a portar a terme el procés d'industrialització".

A Espanya, paral·lelament comença haver un interès per la formació d'adults, però encara està molt vinculat a l'escola, i per tant no diferencia la pràctica infantil de la pràctica d'adults, i no és fins a finals de segle XIX i principis del XX que comença a existir una preocupació per aquest sector.

Algunes experiències de Barcelona que marquen el naixement de les escoles d'adults són l'Escola del Treball (1912), els ateneus (dècada de 1880) que agafen més força als anys republicans (1931-1939), l'Escola de la Dona (1908), biblioteca popular de la dona (1909), les cases de cultura i les universitats populars. Moviments socials progressistes i conservadors que fan de l'educació un element important (Marzo, 2012).

A la primera meitat del S.XX van destacar, en un termini curt de temps però amb una forta empremta, les Misiones Pedagógicas (1931) durant l'època de la República (1931-1939), a partir de la Institución Libre de Enseñanza (ILE). La ILE va ser creada a Madrid el 1876 per un grup de professors universitaris de pensament liberal i humanista sota la direcció de Francisco Giner de los Ríos, la ILE va portar a terme una important tasca de renovació cultural i pedagògica en els segles XIX i XX a Espanya, es declarava aliena a tot interès religiós, ideologia o partit polític, proclamant el dret a la llibertat de càtedra, la inviolabilitat de la ciència i el respecte a la consciència individual. La ILE va fomentar institucions pedagògiques, una d'elles van ser les Misiones Pedagógicas, que tal com ens explica Villena (2016):

(...) fueron uno de los grandes ejes de la reforma educativa que los gobiernos de la Segunda República impulsaron entre 1931 y 1936. Millares de voluntarios, la mayoría de ellos maestros y estudiantes, pero también intelectuales de la talla de Federico García Lorca, Luis Cernuda o Ramón Gaya recorrieron aldeas de la España profunda y analfabeta para predicar la buena nueva que no era otra que acercar la cultura hasta el último Rincón.

Per a la població rural l'arribada de las Misiones va significar el descobriment del cinema i les representacions teatrals, ja que els missioners arribaven carregats de projectes, amb llibres i escenaris per apropar la cultura a una població majoritàriament analfabeta (Villena, 2016). Però com bé explica Alejandro Tiana en una entrevista realitzada per Villena (2016) "(...) los miembros de las misiones pedagógicas desplegaron su labor con mucho respeto (...) y con un propósito declarado de recuperar una cultura rural, en buena medida despreciada en los núcleos urbanos". Aquella experiència va ser molt important perquè no només tenia l'objectiu d'ensenyar a llegir i escriure a la població rural, sinó que també que tinguessin una formació cultural i artística.

El pedagog Francesc Ferrer i Guàrdia (1859-1909) va ser un dels introductors de l'escola nova a Catalunya, aquest va causar gran impacte en la societat catalana amb el seu projecte educatiu d'Escola Moderna (1901). Va ser inspirador de moltes iniciatives de mestres arreu del territori català que el van imitar. També va ser promotor d'espais de formació i reflexió per a mestres, assumint el seu model educatiu: centres obrers, ateneus populars, cooperatives (Generalitat de Catalunya, 2001). Els caps de setmana obria l'escola, on portava a terme conferències i debats per als adults interessats, les Escoles Modernes comprenien també cursos nocturns per a l'educació d'adults. Sindicats i associacions obreres anarquistes (grans seguidors del moviment) van contribuir activament a fundar Escoles Modernes i cursos per a adults basats en aquesta filosofia.

Tot aquest moviment que començava a sorgir a principis del segle XX va quedar estancat després de la Guerra Civil espanyola (1936-1939), ja que s'imposen les propostes doctrinàries del franquisme i l'educació lliure queda reprimida i prohibida. Però com ens explica Batalloso (Marzo, 2012) "Malgrat tot, cada vegada més es conforma una nova educació de persones adultes, de vegades des de la clandestinitat, altres des de escletxes que el regim va deixant, com la formació obrera i democràtica" (p. 27).

En la dècada dels 70 comença a ressorgir un apogeu d'esperança amb una època de desenvolupament econòmic més estable. S'obrien les portes de l'estat a Europa, tal com ens explica Valls (2006) "Eren temps d'il·lusió, de somnis, d'utopia...". A principis d'aquests anys l'Estat Espanyol incorpora el dret de l'educació bàsica per a tothom amb la Llei General d'Educació (LGE).

Evolució de la formació d'adults a les comarques gironines

Un cop analitzat el context històric que precedeix la següent narració, explicaré a continuació els continguts extrets de l'anàlisi de les notícies que vaig començar amb el TFG i acabar amb el TFM.

La següent recerca la podeu trobar més ampliada al recent llibre publicat "La força del coneixement" que hem portat a terme amb en Sebas Parra, mestre de persones adultes ja jubilat que ha treballat més de 30 anys dirigint el projecte de l'Escola d'Adults de Salt i ha dedicat part de la seva vida a reivindicar i donar visibilitat a les escoles i educació d'adults de les comarques gironines.

La història de la formació d'adults és molt més extensa i detallada de la que explicaré a continuació, s'ha de tenir en compte que la informació del següent anàlisi és una síntesi que es basa únicament en les notícies i revistes de part dels meus treballs acadèmics, i que per tant poden faltar dades de la història real, exposo el contrast de les notícies a través de la lectura d'aquestes i mirant de ser el màxim d'objectiva respectant la història que s'explica. La història extreta de les notícies que a continuació presento intenten apropar al lector als inicis de l'educació d'adults, fent un recorregut de l'evolució de la formació d'adults a la província de Girona des dels seus inicis i durant els seus 40 anys d'història.

Els inicis (del 1976 al 1986)

Els inicis de la formació d'adults a finals dels anys 70, neixen per la necessitat d'alfabetitzar a part de la societat. Al 1973 el Ministeri d'Educació i Ciència

(MEC) crea el programa d'Educació Permanent d'Adults (EPA) però a la província de Girona concretament no es destinava cap professor per desenvolupar el programa d'EPA. En 1978, passats tres anys de la mort de Franco, el MEC continuava sense dotar de recursos la província gironina. Part de la "despreocupació" del MEC es possible que estigués relacionada amb que encara amb Franco viu, es va decretar que a Espanya tothom sabia llegir i escriure, quan només a Catalunya hi havia prop de 300.000 analfabets i a Espanya al voltant d'un 8,9% d'analfabetisme.

Aviat s'inicia la campanya "Cap Barri de Girona, sense escola d'adults", on 25 organitzacions polítiques, sindicals i populars de Girona es van entrevistar amb el delegat del *Ministerio de Educación y Ciencia*, Arturo Calsina per parlar de la situació de l'educació bàsica i permanent d'adults. A l'entrevista les organitzacions van insistir en que Girona havia de comptar amb educadors dedicats plenament a l'educació d'adults, ja que segons el cens de 1970 hi havia un 17% de persones que es declaraven d'alguna forma analfabetes i es continuava sense Centres d'Educació Permanent d'Adults i sense mestres per impartir aquest tipus d'ensenyament.

Al setembre de l'any 1978 els protagonistes de les primeres experiències sorgides l'any 1976 demanen al MEC el nomenament oficial de mestres a les classes d'adults que estan creixent a la província. Algunes d'aquestes experiències sorgeixen als barris més desfavorits de Girona com la de l'Escola Torre Alfonso XII que al curs 75/76 detecta un gran interès en gran part dels habitants de la zona per aprendre a llegir i escriure, i és a través d'un grup d'estudiants que es van oferir voluntaris que es va portar a terme aquesta tasca. Per altra banda, els veïns de Font de la Pólvora manifestaven que el sector de la població provenia majoritàriament d'Andalusia i Portugal i s'havien instal·lat a les barraques de les Pedreres i dels *albergues provinciales* on alguns portaven vivint més de 20 anys, mentre que una part estava a l'atur, uns treballaven majoritàriament de peons (homes) i altres fent les feines a les llars de Girona (dones). A aquestes primeres experiències s'hi sumaven algunes associacions de veïns de barris desfavorits de Girona que denunciaven aquests fets que segons ells els tenien sense els "indispensables serveis per viure". El tema que més els preocupava juntament amb l'habitatge, l'analfabetisme era la desescolarització de menors que amb 14 anys ja treballaven, l'índex d'analfabets era d'un 40% aproximadament i el percentatge de persones que no tenien el certificat d'estudis primaris era d'entre un 80 i un 90%.

Per altra banda i també al 1978, les centrals sindicals (CCOO, CNT, CSUT, UGT i USO de Girona) també es van mobilitzar analitzant la situació de les primeres experiències amb adults que en aquell moment portaven a terme la seva tasca educativa amb moltes dificultats per falta de materials i personal docent especialitzat. És així que van acordar treballar per impulsar conjuntament la creació d'un Consell d'Educació Permanent, fomentant que haguessin suficients escoles al servei dels treballadors més necessitats de cultura per aconseguir millors condicions (horaris i locals). També van mostrar el seu recolzament a les escoles, sumant-se a la lluita contra el Ministeri i els organismes de l'Administració que no havien atorgat cap centre d'EPA a Girona.

L'any 1978, la majoria de les experiències que hi havia a la província de Girona van haver de tancar a causa de la desatenció de la majoria dels organismes oficials com el MEC. També van manifestar com els hi constava que hi havia mestres disposats a donar la formació que necessitaven, que la llei estava de la seva part (Art. 27 de la Constitució) i que hi havia un capital dels impostos que els hi pertanyia i que exigien que se'ls hi tornés a través del seu dret com a ciutadans a l'educació.

Al juny del 1979, es porten a terme les Primeres Jornades d'Educació Permanent d'Adults organitzades per la Coordinadora d'escoles d'adults de Girona, amb l'assessorament del SEPT i la col·laboració de l'institut de Ciències de l'Educació. En les Jornades es va parlar de la Llei General d'Educació i les perspectives d'una Llei de Bases de l'EPA entre altres temes. Les conclusions de les jornades van ser que es creés un seminari d'Educació Permanent d'Adults a Girona, que hi hagués més coordinació entre les experiències que hi havia a la província, més coordinació dels ajuntaments amb el Ministeri i un dels temes més importants, solucionar la formació del professorat que impartia les classes d'adults. També cal esmentar que arrel de les Jornades la intenció era deixar enrere l'etapa de provisionalitat de les experiències que en aquell moment feia quatre anys que existien i consideraven que calia un programa que actués sobre l'analfabetisme, la normalització de l'EPA a les comarques gironines, l'adequació d'una infraestructura mínima i recuperar tot allò positiu que hi havia a les experiències realitzades durant els últims anys (Salt, Pla de l'Horta, Font de la Pólvora, Can Gibert, Vilastragues, Sant Feliu de Guíxols, Palafrugell, Olot...).

La Unió Sindical de Treballadors/es de l'Ensenyament de Catalunya (USTEC), rebutja totalment que les classes d'adults siguin impartides pels professors d'E.G.B. acollits a la dedicació exclusiva i proposen que els que han de portar a terme aquesta feina són professionals especialitzats en ensenyament d'adults. Però no és fins a partir de 1980 que es van començar a anunciar al diari algunes notes informatives dirigides a mestres o llicenciats que estiguessin interessats en treballar el nivell d'E.G.B en Educació d'adults a diferents municipis de la província de Girona. Per primer cop apareix que per poder accedir a la feina caldrà assistir a un curs intensiu de l'ICE de la UAB.

Al setembre del 1980 el senador Francesc Ferrer i Gironès demana una proposició no de llei al govern de UCD, en aquesta proposició fa tres propostes; que es tingui prioritat per eradicar l'analfabetisme a les àrees geogràfiques on resideixen el major número d'analfabets censats; que en els següents pressupostos de l'Estat, les partides pressupostàries destinades al personal de l'EPA siguin suficients per cobrir les necessitats planificades al Ministeri d'Educació; i que es manifesti la voluntat política del Govern d'eradicar l'analfabetisme com es feia a altres Estaments i Organismes de l'Estat. La resposta del grup parlamentari UCD van votar negativament a la proposició de no llei del senador Ferrer en nom del grup "Catalunya, Democràcia i Socialisme" argumentant que "son los propios analfabetos quienes no desean aprender". Ferrer defensa la proposta del seu grup al·ludint a la Declaració Universal dels Drets Humans, la Llei General d'Educació, les Conferències Internacionals sobre Educació d'Adults portades a terme per la UNESCO i critica la manca de voluntat política per fer front al problema que segons Ferrer afectava a dos milions de ciutadans de l'Estat.

En relació a les Escoles la lluita continua, aquestes proposaven establir un servei d'educació permanent d'adults amb mestres especialitzats, amb la col·laboració de sindicats, ateneus, centres culturals entre altres associacions que havien estat recolzant les experiències d'adults en les diferents jornades celebrades al país.

En els següents anys 80 es porta a terme difusió i promoció a través de la premsa dels diferents cursos que ofereixen les escoles d'adults de la província, algunes de les escoles d'adults que exposen la seva oferta són Sant Feliu de Guíxols, Figueres, Salt, Girona, Sarrià de Ter, Arbúcies, Torroella de Montgrí...

Al gener del 1986 la acabada de crear Coordinadora d'Escoles d'Adults de les comarques gironines, va organitzar la primera trobada d'EA a Banyoles. Aquesta entitat es va crear per tal de fixar els objectius entorn la problemàtica que envoltava en aquells moment les escoles d'adults.

A partir del 1986 algunes escoles d'adults amplien la seva infraestructura a conseqüència de la nova normativa en matèria d'ensenyament d'adults (el Llibre Blanc de l'Educació d'Adults), en la que diferenciarien un centre d'adults d'una aula. Fins aquell moment els centres d'ensenyament d'adults depenien de les aules d'EGB, però, a causa de la nova llei els centres reconeguts com a tals funcionarien amb independència i només dependrien de les escoles d'EGB les aules, per considerar si una escola era centre o aula depenia de la quantitat de metres quadrats que disposessin.

De l'any 1987 al 1996

L'any 1987 l'EA de Salt, finalitza el primer curs d'accés a la Universitat per a majors de 25 anys. L'any següent l'Escola d'adults de Girona també adopta el curs d'accés a la universitat per a majors de 25 anys amb l'objectiu de millorar l'oferta pública de la ciutat i organitzat per donar resposta des de l'ensenyança pública a una demanda social de les persones adultes interessades en seguir els estudis universitaris.

A finals de l'any 1988 s'inaugurava l'escola d'adults Samba Kubally a Santa Coloma de Farners, la primera escola d'adults africana de les comarques gironines. L'objectiu de l'escola era alfabetitzar adults africans perquè assolissin un bon nivell de castellà parlat, escrit i llegit i que així poguessin optar a cursos de formació professional, accedir a cursos de l'INEM i que poguessin treballar al país. Aquesta escola no va ser mai reconeguda per l'administració, és així com l'EA de Salt va encarregar-se de donar suport i promocionar la Samba Kubally organitzant unes jornades de treball anomenades "Tothom té dret a l'educació" on es parlà de la tasca social i cultural que portava a terme l'escola.

Al juny de 1989 els dirigents de la Samba Kubally van escriure una carta al conseller de Benestar Social de la Generalitat perquè valorés la tasca que s'estava iniciant al municipi de Santa Coloma i poder establir col·laboracions conjuntes. El conseller de Benestar Social, tardà en contestar, però finalment va acceptar portar a terme una reunió per parlar del futur de l'escola d'adults on es posà a sobre la taula la possible entrada a la xarxa d'escoles d'adults del Departament de Benestar Social de la Generalitat, i per tant hagués esdevingut una escola d'adults pública oficial. Finalment, Benestar Social i l'Ajuntament de la població van proposar a l'escola d'adults africana que si volien els recursos que els hi demanaven, es fusionés amb l'escola d'adults de Santa Coloma de Farners per portar a terme una oferta conjunta dels cursos que oferien. El portaveu de l'escola africana de Santa Coloma, Lluís Caparrós no acceptà la proposta a causa de que la condició de Benestar Social era diluir l'escola és així que va declarar que amb ajuda o sense ajuda continuarien la seva proposta pedagògica.

L'any 1990, coincidint amb "l'Any internacional de l'Alfabetització l'escola d'adults de Salt va portar a terme un estudi sobre el nivell d'analfabetisme a la població saltenca, segons l'estudi la població que no sabia llegir ni escriure (analfabets absoluts) ascendien a més de 550 persones, mentre que la tercera part de la població adulta eren analfabets funcionals (no tenien el certificat escolar) amb unes 5.500 persones adultes. Les conclusions de l'estudi van ser que la taxa d'analfabets absoluts a Salt era d'un 3,32%, un percentatge baix que probablement era així per la inexistència de bosses de marginació i de pobresa extrema al municipi, però per altra banda les taxes d'analfabets funcionals eren molt elevades sobretot en edats d'entre 15 i 45 anys. Per altra banda, el mateix any i també amb motiu de "l'Any de l'Alfabetització" el Departament de Benestar Social de la Generalitat va publicar un recull estadístic de la realitat del col·lectiu alfabetitzat a Catalunya basats en els padrons municipals d'habitants de 1986, el total d'analfabets a les comarques gironines era de 20.964, i un total de 255.844 no tenien el graduat escolar.

El mateix any Agustí Casanova exposava com havien evolucionat les dades sobre l'analfabetisme a nivell mundial i nacional, considerant l'estudi de Salt i exposant que de la mateixa manera que s'havia atacat l'analfabetisme total, havia crescut l'analfabetisme funcional. També va manifestar que durant la dècada dels 80 quan el sistema proposà la necessitat de fer un ensenyament obligatori es discutiren dues qüestions: els que consideraven que s'havia de continuar per-petuant la ignorància a les classes humils i els que consideraven que la revolució dorm en el jaç de la societat disconforme i que eren molts els factors que podien despertar-la instruint a les masses i oferint la possibilitat d'introduir en el cervell i en el cor de la gent uns continguts morals, ideològics i culturals que els uni-formessin a tots, alhora que s'apaivagava la seva capacitat de revolta.

El 4 d'octubre de 1990 es va publicar la llei Orgànica del 4 d'octubre 1/1990 d'Ordenació General del Sistema Educatiu (LOGSE), que substituïa la llei de 1970. Amb la LOGSE s'ampliava l'Educació Bàsica fins als 16 anys, la llei con-templava els temes de l'educació d'adults i la millora de la qualitat de l'ense-nyament. Per altra banda, a principis de l'any 1991 es publica la Llei de formació d'adults, on algunes escoles d'adults i altres col·lectius de Catalunya que recol-zaven la causa es van manifestar en contra de la nova llei afirmant que la nova llei propiciava la privatització de les escoles d'adults. Els sindicats gironins també consideraven injust que les escoles d'adults privades rebessin diners de Benestar Social, mentre que encara hi havia moltes que depenien dels ajunta-ments i no reconegudes pel Departament.

El 1991 la Samba Kubally va rebre el premi "Miguel Hernàndez" que concedia el MEC a les institucions públiques o privades que es dedicaven a l'alfabetització d'adults i a l'afavoriment de l'accés a l'educació dels grups socialment desfavo-rits, aquest premi la convertia en classificada per als premis estatals de la UNESCO. L'escola continuava demanant a la Generalitat recursos per poder sub-sistir però al Parlament els partits polítics no es posaven d'acord (mentre d'IC i CSC la recolzen, CIU considera que no poden subvencionar una escola "gueto"), tot i així el conseller de la Generalitat, Antoni Comas, un mes després de que rebés el premi confirmà que destinaria ajuts per a la continuïtat de l'escola. L'any següent, 1992, la Samba Kubally rebia la menció d'honor de la UNESCO com a reconeixement per la feina portada a terme des de l'escola d'adults alfa-betitzant estrangers.

L'any 1993, el secretari de Joventut i Comunicació de CCOO Girona, Jordi Vila-mitjana demana més fons per la formació professional a les escoles d'adults, considerava que era una educació oblidada per la falta de recursos materials i humans que justificava amb el canvi que es va fer de Departament d'Ensenya-ment a Benestar Social, trobava que l'educació d'adults era tractada des de

Benestar Social de tercera categoria i demanava la dignificació de la FP amb més diners, més professors, més atencions i el retorn al Dept. d'Ensenyament.

Durant el mateix any, l'EA de Salt i entitats que la recolzaven reivindicaven a Benestar Social la manca de personal i mobiliari que patia l'escola i que com a conseqüència moltes persones s'havien quedat sense plaça. L'EA de Salt demanava el canvi de seu a la casa de cultura Les Bernardes per tal de disposar de més espai i poder atendre les llistes d'espera, l'alcalde de Salt parla amb Benestar Social per tal de alleugerar en procés. Finalment, s'aconsegueix el canvi de seu al gener de 1994.

Al 1995 en el primer Congrés de Renovació Pedagògica portat a terme a la Universitat de Girona (UdG) es torna a parlar del canvi de Departament, es considerava que si la Llei General d'Educació plantejava l'educació permanent d'adults no entenien com depenia del Departament de Benestar Social i no el d'Ensenyament.

L'any, 1996 la Samba Kubally va passar a ser una casa intercultural que segons Anna López, membre de l'equip de coordinació de l'escola, l'objectiu era augmentar la interacció amb la gent del poble i expandir les seves activitats, els cursos passaven a portar-se a terme a l'escola d'adults de Santa Coloma amb la col·laboració de monitors de la Samba Kubally.

De l'any 1997 al 2006

L'any 1997 s'iniciava amb mobilitzacions per reclamar millores en els centres d'adults, augment de plantilles, millores de les condicions laborals del professorat i en general més recursos. La mobilització va estar convocada per la Mesa de Formació de Persones Adultes, organisme format per representants dels diferents centres de formació d'adults de Catalunya i sindicats d'ensenyament (CCOO, USTEC, UGT, STEs).

Al 1997 va començar el nou curs amb un canvi produït en la normativa de la LOGSE, el graduat escolar desapareix i es substitueix per el Graduat d'Educació Secundària (GES). L'any 1998 Benestar Social anuncia que el GES es portaria a terme provisionalment a les EA de Girona i Salt durant dos cursos abans de portar-se a terme oficialment el curs 2002/03 a totes les escoles d'adults subvencionades per Benestar Social a les comarques gironines. Aquella desició rep critiques per part de les escoles i CCOO que consideraven que el Departament havia de portar a terme el nou títol GES el següent curs lectiu, en comptes d'esperar dos cursos ja que provocava inestabilitat als alumnes que cursaven el que esdevindria "antic" graduat escolar (que equivalia a l'EGB), que passaria a desaparèixer. La Mesa de la formació d'adults de les comarques gironines al 1999 denunciava a Benestar Social que no fos capaç de gestionar els cursos de les escoles d'adults, especialment el GES que criticaven que no es portés a terme a totes les escoles que pertanyien al Departament.

Paral·lelament, l'any 1999 els sindicats van convocar concentracions i mobilitzacions a Barcelona exigint a la Generalitat més recursos per portar a terme el nou model educatiu. USTEC-STEs demanava a la Generalitat que destinés més diners al Departament d'Ensenyament, ja que després de fer un estudi elaborat per la càtedra d'Economia de la Universitat de Barcelona es van adonar que altres comunitats de l'Estat espanyol destinaven més PIB en Ensenyament que a Catalunya. També van demanar el canvi de competències en educació d'adults del Dept. de Benestar Social al d'Ensenyament, que també havien demanat el curs anterior.

L'any 2001 Benestar Social fa un comunicat explicant que es portaria a terme a totes les escoles la formació de GES. És així que el curs 2002 es tenia previst posar en marxa, els portaveus de la Mesa. A principis del 2002 la preocupació perquè Benestar Social no es pogués fer càrrec dels recursos del GES també va arribar als mestres de les escoles d'adults, de igual forma que reclamaven a Rigau la necessitat d'intervenció urgent per lluitar contra l'analfabetisme de la població immigrada creixent. Els sindicats convocaven una vaga de mestres i alumnes de formació d'adults que reclamaven pressupostos extraordinaris per la nova formació que s'impartiria de GES. Els últims alumnes que van portar a terme l'examen de Graduat Escolar tenien la sensació de que no els serviria de res perquè aquell any començava la nova titulació del GES, tot i així tenien l'esperança de trobar feina o continuar estudis. Els professors de GES reclamaven que els professors que efectuessin el curs fossin de plaça fixa no interina, per donar una millor formació als alumnes. Al juny del 2002 la Mesa de defensa de l'Educació Pública de Persones Adultes exigia que fos el Departament d'Ensenyament el que els representés no el de Benestar Social, de la mateixa manera que continuaven demanant, com a principis d'any, un increment pel pressupost per a l'ensenyament dels nous alumnes immigrats i el curs del GES.

Al 2003 es lliurava a l'escola Samba Kubally el premi "Mestres 68" per la seva tasca en treballar per a un món millor a través de l'educació i integració intercultural. La nova coordinadora de la Samba Kubally, Carolina Fontàs va agrair el reconeixement i va explicar que tot i les aportacions de diferents administracions, el projecte de l'escola continuava sobrevivint sense una estabilitat suficient per garantir la continuïtat.

El mateix any, la Fundació Jaume I i la Plataforma per la Llengua demanaven més recursos econòmics, materials i didàctics a l'administració per l'augment de demanda dels immigrants adults extracomunitaris per rebre classes de català. Per altra banda, els sindicats demanaven un pla per a immigrants en formació d'adults, consideraven que després de 25 anys treballant amb persones adultes i com a punt de referencia per a la integració d'immigrants no s'estava treballant el suficient des de Benestar Social per dotar a les escoles de recursos. Al 2004 es s'observava com en els cursos de català augmentava la oferta on cada vegada hi havia més immigrants que s'interessaven per aprendre la llengua catalana.

L'any 2004 la formació d'adults passa del Departament de Benestar Social al Departament d'Educació, USTEC-STEs i CCOO criticaven que el canvi no estigués acompanyat de millores en quant a recursos humans i materials. Al desembre del mateix any, CCOO juntament amb Ustec-STEs denunciaven l'abandó per part del Departament amb les escoles d'adults ja que no havien publicat al DOGC les plantilles de les EA i afirmaven que els pressupostos de 2005 per a les despeses dels centres estaven congelats, amenaçaven amb mobilitzacions si no es portava a terme un canvi de rumb substancial.

L'any 2005, tant sindicats com professorat de formació d'adults reclamaven un increment de la inversió pública, CCOO, FETE-UGT i USTEC·STEs van acusar el Departament d'Educació d'aturar les negociacions, prendre decisions unilaterals i imposar-les, la Federació de Treballadors de l'Ensenyament d'UGT va ser la més concloent i afirmant que les negociacions amb la conselleria d'Educació s'havien trencat. Els tres grups van organitzar una concentració unitària de delegats i delegades sindicals.

El curs 2005/06 també es va presentar amb llistes d'espera com a l'EA de Salt on demandaven a l'Ajuntament utilitzar aules de l'escola La Farga. L'EA de Girona també reclama a la Generalitat la falta de recursos materials per poder atendre l'increment de matriculació d'alumnes a l'escola.

A l'octubre de 2005 l'equip directiu de l'EA de Salt, presentava la seva dimissió davant la ignorància del Departament d'Educació a les peticions demanant recursos per a les escoles d'adults. Jordi Vilamitjana es solidaritzava amb l'equip directiu de l'EA Salt per la lamentable actuació que estava portant a terme el Departament d'Educació, es sentia decebut pel govern del tripartit. CiU es sumava a les crítiques en contra del Departament d'Educació per la dimissió de l'equip directiu de l'escola de Salt consideraven que si no feien res el problema podria ser més greu ja que la demanda continuava augmentant. És així, que el Departament va acceptar la seva dimissió

Durant l'any 2006, es continuava demanant al Departament d'Educació per part de sindicats que augmentessin els recursos en educació d'adults. Aquest cop la indignació va ser amb la Direcció Territorial d'Educació que va afirmar que es portaria a terme una xarxa de cooperació amb els Ajuntaments, però no es va produir. L'EA de Girona amenaçava amb mobilitzacions si no se'ls proporcionava un mestre entre altres recursos per continuar la formació d'adults a l'escola. L'EA de Salt havia de suspendre les classes per la manca d'un conserge. La Mesa d'educació d'adults demanava poder participar a la futura llei d'educació.

El nou curs començava amb llistes d'espera a l'EA de Girona, demanant recursos econòmics i materials per la gran demanda d'alumnes que s'oferien als cursos, els concedeixen dos mestres però consideraven que la mesura per una part era positiva i per l'altre havien de tornar a reorganitzar els cursos. Acabava l'any amb la denuncia de la Mesa de persones adultes de Catalunya reivindicant les llistes d'espera a les escoles d'adults i demanant a la Conselleria que es fes càrrec dels recursos materials i humans.

De l'any 2007 al 2016

El Departament d'Educació va definir la política que portaria a terme amb la nova legislatura entorn les escoles d'adults, que passarien a ser cogestionades pel Departament i els municipis. A causa d'aquest fet, l'any 2007, els sindicats (USTEC-STES, CCOO, CGT) van protestar perquè consideraven que la municipalització del servei portaria al desmantellament de la xarxa pública d'escoles d'adults, a més criticaven que la llei de formació permanent anunciada l'any 2005 no es portaria a terme, en canvi l'educació permanent es regularia a la llei catalana d'educació que s'havia d'aprovar abans del 2010. Per altra banda, el responsable de Formació d'Adults de la Federació d'Ensenyament de la Confederació General del Treball de Catalunya va criticar que la Generalitat publiqués tots els cursos educatius (Infantil, Primària, ESO, cicles formatius, etc.) sense parlar dels centres de formació públics de persones adultes.

El mateix any, l'EA de Girona estava a punt d'iniciar el nou curs i a conseqüència de l'alta demanda i l'ajustada oferta van haver de portar a terme per primera vegada un sorteig, tot i que van demanar més mestres i espai. El govern, segons la notícia, només tenia l'obligació de garantir l'escolarització fins als 16 anys i per tant van negar els recursos. El partit polític de CiU demanava al Departament d'Educació la consideració amb l'EA Girona i que augmentessin els recursos humans a l'escola. L'EA Girona portava a terme una vaga en defensa del dret a l'educació, explicaven les raons per les que portaven a terme les mobilitzacions: necessitat d'un augment de plantilla; defensar el dret a l'educació de les persones joves i adultes que havien quedat excloses de la oferta educativa; la promesa que van fer Serveis Territorials en dotar l'escola de recursos necessaris i no havien portat a terme. També criticaven que el conseller en la inauguració del Saló de l'Ensenyament a Girona els felicitava per la tasca feta i havia promès impulsar recursos, però no havia portat a terme cap mesura per revertir la situació. Mares i alumnes es sumaven a la protesta de l'EA Girona demanant més professorat i més empatia per part del Departament per poder solucionar el problema.

L'any 2008, a punt d'iniciar el nou curs l'EA de Girona tornava a fer ressò a la premsa demanant mestres i espais per poder portar a terme les classes d'adults on la demanda cada any augmentava i no podien abastar-la. Els sindicats (USTEC-STES, CCOO, CGT) anunciaven mobilitzacions per la saturació que denunciaven les escoles públiques d'adults per la manca de professors que ja feia 3 anys que demanaven.

Al 2009, un estudi portat a terme per la consultoria sociopolítica Neòpolis, en col·laboració amb la UdG sobre els centres d'adults del Gironès, detectava que un 37% dels alumnes de les escoles d'adults de Girona i Salt no tenien acabats els estudis obligatoris. 3 de cada 10 interessats en els cursos no podien accedir per l'augment de demanda, els alumnes afirmaven que no s'oferien suficients places i reclamaven ampliar l'oferta educativa, un dels mestres entrevistats assegurava que amb la crisi la demanda havia ascendit però l'oferta s'havia mantingut. A l'octubre després de fer un balanç de la demanda d'alumnes inscrits a les escoles d'adults, la Mesa d'educació d'adults de les comarques gironines va denunciar el nombre de persones en llistes d'espera que triplicaven el curs anterior amb 2.900 persones. Els representants sindicals asseguraven que l'any anterior ho preveien i van advertir al delegat d'Educació a Girona (Andreu Otero) que la demanda desbordaria l'oferta i la resposta va ser congelació de plantilles i de places. Per altra banda, també van afegir que cada cop la demanda anava cap als centres privats que oferien la mateixa formació però, segons la mesa, de pitjor qualitat.

L'any 2010, CCOO ja augurava desproporció entre el nombre de docents i l'augment de demanda, juntament amb altres sindicats reivindicaven que s'havia de prendre mesures per solucionar el problema.

També l'any 2010, els alumnes del curs d'accés a grau superior recollien firmes perquè trobaven injust que es canviés el temari, material i criteris d'avaluació d'estudi un cop iniciat el curs i sense avisar als mestres que portaven a terme les classes amb l'anterior material i que per tant no havien tingut temps de preparar el nou temari.

L'any 2011, en una entrevista feta a Sebas Parra, aquest explicava la trajectòria entorn la formació d'adults des dels seus inicis a l'EA de Salt. Considerava que hi havia la necessitat de que els centres s'adaptessin a l'entorn, la immigració i la realitat que envoltava el barri. També va explicar com ell havia continuat lluitant per l'educació permanent i no havia deixat mai de banda els seus principis, tot i costar-li la feina.

Durant l'any 2011 la Unió Europea es proposava aprovar un pla per aconseguir que la mitjana d'abandonament escolar es situés per sota del 10% mitjançant un perfeccionament de la coordinació, la detecció del fenomen, la intervenció preventiva i l'establiment d'un sistema que oferís una segona oportunitat, a través de la formació professional i de l'educació d'adults.

Santa Coloma de Farners va portar a terme una política pròpia per poder integrar la forta immigració que ja era prop del 18% dins del municipi. L'EA acollia els immigrants i els oferia cursos per llegir, escriure i parlar la llengua catalana a més d'altres activitats formatives adaptades al nivell de cada persona.

Les llistes d'espera continuaven, l'EA Girona demanava nous locals per poder atendre a tot l'alumnat que no parava d'augmentar. Es comentava la probabilitat de que obrissin un altre escola al barri de Sant Narcís. A l'EA de Salt també preveuen llistes d'espera superiors a l'any anterior i anunciaven que les instal·lacions de les que disposaven no eren suficients i per aquest motiu havien de demanar aules a altres institucions.

Un altra crítica que es feia a l'Administració era que s'aprofitava el tema de la crisi i les retallades per privatitzar serveis, en compte de millorar la xarxa pública.

Mestres del Dept. reclamaven en contra de la llei portada a terme pel ministre Wert que pretenia privatitzar el funcionament de centres i pretenia deixar de banda la comunitat educativa pública.

L'associació GRAMC portava a terme el projecte de l'Escola Samba Kubally, que va ser guanyadora de diferents premis per la seva tasca d'alfabetització a immigrants. Aquesta escola es va crear a causa de que l'altre EA del municipi a Santa Coloma de Farners posava molts entrebancs perquè la població immigrant es pogués formar i alfabetitzar. En aquell moment continuaven portant a terme una tasca social i de inclusió al municipi tot i que les institucions públiques no generaven els espais d'acollida suficients ni tampoc programes de sensibilització necessaris per prevenir els brots de xenofòbia i racisme que començaven a atacar les persones procedents de països necessitats.

L'any 2014, la situació de crisi continuava i les inscripcions a les escoles d'adults augmentaven com es el cas de Girona i Sant Feliu, concretament a Sant Feliu havien augmentat un 22% en relació a abans de la crisi, també apreciaven que el perfil d'alumnat havia canviat i cada cop era més típic d'institut. En relació als percentatges gironins que no sabien llegir, escriure o no tenien estudis era d'un 9.8% segons IDESCAT i a nivell català hi havia més de 100.000 persones sense formació. L'estudi que comparava els resultats de l'any 2001 amb el 2011, també avaluava positivament l'evolució que havíem portat a terme ja que les últimes generacions tenien un nivell més elevat d'estudis que les generacions velles, tot i que encara hi havia persones sense formació, la proporció havia evolucionat favorablement i en 10 anys a Catalunya hi havia gairebé un milió més de persones de 16 anys o més amb més estudis que al 2001.

L'EA de Girona i el Departament treballaven per ampliar espais i així descongestionar el centre d'adults i poder atendre a més demanda. Ja feia anys que l'EA de Girona demanava augmentar espais per cobrir la demanda i evitar les llistes d'espera. El centre s'obriria aquell mateix any oferint 520 places amb 9 mestres al front, el nou centre de formació d'adults era el segon de la ciutat de Girona i treballava coordinant-se amb l'EA de la travessia de la Creu que es repartien la oferta de cursos.

L'entitat intercultural Samba Kubally celebrava els 25 anys des de la seva fundació fent un repàs de la seva trajectòria on havien tirat endavant multitud de projectes, com programes d'alfabetització, suport a immigrants que necessitaven treure's el carnet de conduir, tallers, cursos de cuina, d'informàtica o de costura. També lamentaven el poc suport econòmic que tenien i demanaven ajudes per poder continuar treballant amb la seva tasca.

El curs que iniciava al 2015 es presentava amb un augment de plantilla a tots els nivells educatius, en relació als cursos que impartien les escoles d'adults un dels que més havia augmentat eren els cicles formatius de grau mitjà que respecte a l'any anterior havia augmentat un 6%. Per altra banda, la demanda del curs per a les proves d'accés a la universitat per a majors de 25 anys s'havia anat reduint, alguns professors de les escoles d'adults consideraven que els preus de les taxes universitàries eren un motiu ja que des de l'any 2012 havien pujat un 66%, i feien una critica al govern lamentant que no portessin a terme més esforços per facilitar l'accés de tothom a l'educació superior i afirmant que la formació d'adults encara era la gran assignatura pendent.

L'any 2016, l'EA de Girona celebrava els seus 40 anys, explicaven com va néixer l'experiència a la ciutat de Girona, iniciant-se als barris de les Pedreres i la Font de la Pólvora davant la demanda que hi havia per alfabetitzar la immigració vinguda d'Andalusia i altres comunitats de l'Estat. En els 40 anys d'història el curs que mai no s'havien deixat d'oferir era el d'alfabetització que amb els anys els ofertors eren persones immigrades d'altres països, i que en els últims anys havien augmentat a Catalunya i veien la llengua com una oportunitat per reincorporar-se al món laboral. L'evolució de l'escola també ha estat marcada per la professionalització del món laboral on la crisi ha tingut a veure i també l'impacte de les noves tecnologies que ha comportat la creació de l'alfabetització digital.

Perspectives

En conclusió, les primeres experiències de formació d'adults a les comarques gironines sorgeixen a la dècada de 1970, impulsades majoritàriament per les associacions de veïns, pràcticament al marge de l'administració, que no dotava de recursos suficients per portar a terme les tasques pedagògiques amb les que els voluntaris formadors i alumnes reivindicaven els seus drets i llibertats. Aquestes primeres experiències neixen als barris més desfavorits, de classe mitjana-baixa, en aquests barris hi habitaven majoritàriament immigrants del propi país que arribaven d'altres comunitats i persones d'altres cultures. L'objectiu de les experiències inicialment era alfabetitzar i dotar de recursos a la gent treballadora que no era capaç d'interpretar un rebut de llum, un contracte laboral, un programa polític, etc. Els voluntaris formadors consideraven que s'havia d'enfrontar l'alfabetització per tal de caminar envers una societat lliure i justa. Al 1973 el Ministeri d'Educació i Ciència (MEC) crea el programa d'Educació Permanent d'Adults (EPA) però les ajudes des d'aquell mateix any van ser insuficients; falta de recursos, de locals, de mestres, de planificació, de materials, etc. Es van portar a terme assemblees, jornades, conferències amb altres persones, sindicats i associacions sensibilitzades en la causa, que també veien l'analfabetisme com un endarreriment. L'Administració no reconeix la tasca d'aquestes experiències ni té en compte la tasca voluntària dels formadors d'adults, cosa que provoca que no es disposi d'espais ni materials per poder desenvolupar la tasca adientment. Les "escoles" que amb els anys es van creant amb l'ajuda de les associacions de veïns i recolzament de sindicats proposen establir un servei d'educació permanent d'adults amb mestres especialitzats, amb tots els medis necessaris i amb la col·laboració de sindicats, ateneus, centres culturals entre altres associacions que havien estat recolzant l'educació d'adults.

Els següents anys són protagonitzats per la lluita de les organitzacions a favor de l'educació i formació d'adults per dotar de mestres especialitzats i reconeixement les escoles d'adults que havien sorgit a la província.

A la segona dècada, el perfil d'alumnat dóna un pas més i es sumen els immigrants estrangers que venen d'altres països a buscar feina. L'Administració tornava a desestimar ajudes, moltes notícies acusen als dirigents de racistes, l'Administració assegurava que no podia subvencionar a escoles "gueto" com la Samba Kubally de Santa Coloma de Farners.

Els formadors anaven més enllà i tant a la primera dècada com a la segona veien persones a les que s'havia d'apoderar de recursos per poder fer front a la vida i evitar l'exclusió social d'una part de la població que malauradament existia i no s'estava atenent. Per fer-ho, com ja he comentat anteriorment, es basaven en la pedagogia alliberadora de Paulo Freire, que entenia l'analfabetisme com una explicació del que volien les estructures econòmiques per als pobles, d'aquesta manera la societat no es revela per la submissió que rep de la classe dominant. Durant aquests anys l'Administració cedeix recursos, però sempre eren insuficients ja que la demanda a les escoles d'adults anava augmentant amb les noves necessitats. Es portaven a terme cursos d'alfabetització no només a persones del país sinó també immigrades, graduats escolars, es començaven a portar a terme altres cursos més especialitzats com l'accés per a majors de 25 anys a les escoles d'adults, etc.

A la tercera dècada es continuaven reivindicant millores en la formació d'adults, durant aquests anys el perfil de l'alumnat era més jove, a partir dels 16 anys. Comencen les llistes d'espera i els formadors demanen al Departament més espais per poder atendre la demanda perquè ningú es quedés fora de la formació. També criticaven que l'educació d'adults encara formés part de Benestar Social en comptes d'Ensenyament. Un cop aconseguit el canvi, aquest no va venir acompanyat de més recursos econòmics com es preveia, cosa que va provocar que la demanda de recursos continués.

La quarta dècada no es presentava millor, arribava la crisi econòmica i moltes persones es queden a l'atur, cosa que la gent va veure com una oportunitat per reprendre els estudis, és així com les escoles d'adults que any rere any havien augmentat els seus cursos es saturen, tenint llargues llistes d'espera. Aquest fet, es tradueix en reivindicacions a l'Administració i critiques a aquesta per afavorir la xarxa privada d'escoles d'adults. Molts alumnes que estaven a llistes d'espera marxaven a la privada, acció criticada per molts mestres que afirmaven que la qualitat de la formació era més baixa.

Després del recorregut històric portat a terme es pot apreciar com ha anat evolucionant la formació d'adults i els temes que han envoltat aquesta durant els últims 40 anys a les comarques gironines.

És així, com es pot veure l'evolució de com als inicis l'acció orientadora s'adaptava a l'entorn/realitat mentre que amb el temps el sentit de l'educació ha anat canviant. A conseqüència dels canvis socials, de la crisi i de la gestió portada a terme per l'Administració sembla que el rumb de l'educació d'adults no és el mateix amb el que es va crear. Les escoles d'adults s'han convertit en un segon institut en el que pot accedir gent adulta on s'ofereixen una sèrie de cursos en els que l'alumnat s'ha d'adaptar a la oferta. Poc té a veure amb aquelles experiències que s'adaptaven a la realitat que hi havia en aquell moment, on voluntaris formadors portaven a terme pràctiques significatives a gent interessada en alfabetitzar-se i poder apropar-se al món que ens envolta.

Després de portar a terme la recerca una pregunta que em va venir al cap és si podem recuperar la connexió amb l'entorn real, amb la que es van iniciar les primeres pràctiques d'adults a les comarques gironines. Els formadors coneixien l'entorn en el que treballaven i s'involucraven en els barris per tal de poder ajudar amb la seva pràctica. Als inicis lluitaven en contra d'un sistema opressiu, derrocar la dictadura, implantar la democràcia creient en l'educació com a instrument de canvi, aquesta lluita dels sectors socials que envoltaven l'educació d'adults era per poder esdevenir un servei púbic, gratuït i de qualitat per una realitat existent, que inicialment no es volia reconèixer.

Un cop acceptada pel govern, sembla que és quan s'inicia el trencament amb el poble, la formació la comencen a realitzar educadors especialitzats en EGB (actual ESO) que de mica en mica es van obligant a fer cursos especialitzats en educació d'adults. Tot i que la realitat actual és que després de demanar durant molts anys un curs formatiu especialitzat en educació d'adults, actualment no existeix, de igual forma que s'ha anat deixant de banda la comunitat i depenent totalment de les subvencions públiques i els programes que el govern any rere any amb les noves lleis ha anat construint. Abans, es tenia en compte la realitat que envoltava l'adult (feina, compra, rebuts de llum...) en la seva vida quotidiana, mentre que actualment a les escoles d'adults hi ha un programa tancat en el que l'adult ha de triar la seva formació, una formació que respon al mercat de treball i no a l'entorn immediat de les persones.

Cada cop més es busca una educació adaptada al mercat de treball, on es prioritza la eficiència i eficàcia per sobre de la qualitat de l'educació. Aquesta situació em fa pensar en la tesi principal del llibre de Ritzer (1996) on compara la societat amb l'empresa de menjar ràpid *McDonald's* i com el procés que aquesta empresa ha desenvolupat està afectant més i més a aspectes de la vida actual i en àrees cada vegada més extenses del món. Aquest procés també anomenat "racionalització" ha generat un gran nombre de beneficis socials, però també comporta considerables costos i riscos. El concepte de "racionalització" fa referència a la manera en què les societats occidentals i, en major o menor mesura, gran part de les societats del món han estat sotmeses a un procés de sistematització, amb l'objectiu de fer controlable la vida de les persones. Aquesta òptica es compartida amb la visió neoliberal de l'educació ja que principalment el producte ha de ser produït de forma ràpida i amb rigoroses normes de control d'eficiència i productivitat (Gentili, 2004, citat per Viviani (2011), p. 48).

L'educació d'adults, ha perdut la consciència crítica amb la que va sorgir i ha sucumbit als poders públics, que durant els anys s'ha anat apropiant d'aquesta, modelant-la i fent-la controlable. Tot i que, encara hi ha escoles que lluiten per els seus drets, moltes han cedit. És així, que per tornar a l'entorn real, considero que hi ha d'haver formadors que estiguin preparats per portar a terme la pràctica pedagògica que implica l'educació d'adults. Calen formacions específiques en educació d'adults, conèixer l'entorn on estan treballant i així poder portar a terme una tasca d'assessorament a la persona més significativa per a la trajectòria vital. S'ha de començar pels responsables de la formació dels orientadors i educadors i continuar pels professionals en actiu del sistema educatiu. També cal replantejar els cursos, parlar amb el poble per portar a terme formacions adequades a la realitat existent, ja que són els professionals i alumnes d'aquestes institucions els que han de lluitar en contra de la reproducció del sistema que utilitza l'educació com a eina política, i una manera de portar-ho a terme és través de les pedagogies crítiques.

Després d'aquest recorregut, tothom pot portar a terme les seves pròpies conclusions de l'evolució i desenvolupament de les escoles d'adults a les comarques gironines. Sota el meu punt de vista ha estat una lluita constant, incansable, admirable i sacrificant. Em sento afortunada d'haver format part d'aquesta història i ajudar a que lectors com vosaltres la llegiu i gaudiu. Finalment, m'agradaria afegir que cal apropar-nos a aquell model social amb el que durant una època els formadors d'adults consideraven que podien aconseguir una educació alliberadora. No vull dir que abans fos millor i que en l'actualitat és pitjor, perquè no ens hem d'enganyar, l'educació d'adults ha evolucionat, però si que hem de ser crítics i replantejar-nos si la direcció que està prenent és la que volem o és a la que ens estan dirigint.

Referències

Alcañiz, M. (30 gener 2018). Pedagogies emergents en educació de persones adultes. El diari de l'educació: Fundació Periodisme Plural. Recuperat de: http://diarieducacio.cat/pedagogies-emergents-educacio-persones-adultes/

Aularia, R. et al. (2013). Temas para debate. Paulo Freire, comunicación y educación. Aularia, 2(2) Julio. pp: 265-279. Recuperat de: http://rabida.uhu.es/bitstream/handle/10272/9232/Paulo_Freire.pdf?sequence=2

Belando-Montoro, M. R. (2017). Aprendizaje a lo largo de la vida. Concepto y componentes. Revista Iberoamericana de Educación, 75, 219-234.

Botey, J. i Formáriz, A. (1989). Presencia de Freire en el naixement i l'evolució de les escoles d'adults a Catalunya. Recuperat de https://www.google.es/url?sa=t&trct=j&q=&esrc=s&source=web&cd=1&cad=rja&uact=8&ved=0ahUKEwjT2Pv1jtDTAhUQIxQKHUy5D30QFggoMAA&url=http%3A%2F%2Fwww.raco.cat%2Findex.php%2FTempsEducacio%2Farticle%2Fdownload%2F139163%2F262283&usg=AFQjCNESPYwLahDSXC6XWX7d3yJ9Kbe65A&sig2=WGbMU6BGbNJDEkFh5UVrpQ

Castany, T. J. (2009). Els centres de formació d'adults de la comarca del gironès, una resposta escolar a les necessitats educatives i socials de la població (Treball final de grau). Recuperat de http://m.dugi-doc.udg.edu/handle/10256/13278?show=full

Colomer i Ribas, J.(2009). L'educació com a pràctica de la llibertat. En Sebas Parra Nuño i Pep Aparicio Guadas (ed.), la lectura, i l'escriptura, del món de paulo freire. (1°ed., p. 35-54). Xàtiva: Crec i Denes Editorial

Coordinadora d'Escoles d'Adults de Girona. (1978). Notas sobre las Escuelas de adultos de Girona. [Notes]. Materials 40 anys d'història de l'educació de persones adultes a Girona: documents (Arxiu 1). Espai Paulo Freire de la Facultat d'Educació i Psicologia de la Universitat de Girona

Diario Oficial de la Unión Europea. (20 desembre 2011). Resolución del Consejo sobre un plan europeo renovado de aprendizaje de adultos. Recuperat de: https://eur-lex.europa.eu/legal-content/ES/TXT/PDF/?uri=CELEX:32011G1220(01)&from=EN

Diario Oficial de la Unión Europea. (15 desembre 2015). Informe conjunto de 2015 del Consejo y de la Comisión sobre la aplicación del marco estratégico para la cooperación europea en el ámbito de la educación y la formación (ET 2020). Recuperat de: https://eur-lex.europa.eu/legal-content/ES/TXT/PDF/?uri=CELEX:52015XG1215(02)&from=EN

Dossier de la Coordinadora d'escoles d'adults de Barcelona. (s. d.). Dossier de premsa sobre l'inici de la lluita de la Coordinadora d'escoles d'adults a BCN. [Dossier]. Materials 40 anys d'història de l'educació de persones adultes a Girona: documents (Arxiu 2). Espai Paulo Freire de la Facultat d'Educació i Psicologia de la Universitat de Girona

European Commission. (2018). Fomentar la educación de adultos. Recuperat de: https://ec.europa.eu/education/policy/adult-learning/adult_es

Eurydice. (s. d.). Ministerio de Educación y formación professional. Marco estratégico Educación y Formación 2020 (ET2020). Recuperat de: https://www.mecd.gob.es/educacion/mc/redie-eurydice/prioridades-europeas/et2020.html

Fundació Ser.Gi. (1990). L'educació d'adults a les comarques gironines. Seminari d'estudis sobre Educació d'Adults de la Fundació SER.GI. Espai Paulo Freire de la Facultat d'Educació i Psicologia de la Universitat de Girona

Generalitat de Catalunya (1991). Llei 3/1991, de 18 de març, de formació d'adults. Recuperat de http://portaljuridic.gencat.cat/ca/pjur_ocults/pjur_resultats_fitxa/?documentId=70941&action=fitxa

Generalitat de Catalunya. (2001). Centenari Ferrer i Guàrdia. Homenatge a l'escola moderna. Recuperat de http://memorialdemocratic.gencat.cat/web/.content/03_agenda/01_actes/04_documents/2010/homenatge_a_l_escola_moderna.pdf

Generalitat de Catalunya. (2009). Llei 12/2009, del 10 de juliol, d'educació. Recuperat de http://ensenyament.gencat.cat/web/.content/home/departament/normativa/normativa-educacio/lec_12_2009.pdf

González Fonseca, J. (2011). La alfabetización a través de la historia. Recuperat de http://jesusgonzalezfonseca.blogspot.com.es/2011/08/la-alfabetizacion-traves-de-la-historia.html

Gradolí, A. (2015). Resumen del INFORME A LA UNESCO (Jacques Delors). Recuperat de: http://neurofilosofia.com/wp-content/uploads/2012/12/Resumen-de-LA-EDUCACION-ENCIERRA-UN-TESORO.pdf

Horta, X. (25 febrer 2012). Paulo Freire. Educat. Revista de Psicopedagogia. Recuperat de: http://www.educat.cat/blog/?p=93

Histórico Digital. (s. d.). La educación para adultos a lo largo de la historia. Recuperat de http://historicodigital.com/la-educacion-para-adultos-a-lo-largo-de-la-historia.html

Llanes, J. & Rodríguez, MªL. (2014). La orientación de las personas adultas y las transiciones. Diálogos: Educación y formación de personas adultas. Volum 1-2/2015 (núm. 81-82), 3-11.

Marzo Guarinos, À. (2012). Aprenentatge a l'edat adulta: identitats i comunicación, competències i entorn social (Tesi doctoral). Recuperat de http://diposit.ub.edu/dspace/bitstream/2445/46985/1/AMG_TESI.pdf

Marzo, Á., & Figueras, J. M. (1990). Educación de adultos: situación actual y perspectivas. Barcelona: Ed. Horsori - ICE Universitat de Barcelona.

Medina Ferrer, B., Llorent García, V. J., & Llorent Bedmar, V. (2013). Evolución y concepto de la educación permanente en España. Revista de Ciencias Sociales (Ve), 19(3).

Moreno Martínez, P. (s. d.). La Ley General de Educación y la Educación de Adultos. Recuperat de   http://www.mecd.gob.es/dctm/revista-de-educacion/articulosre1992/re199207.pdf?documentId=0901e72b8132cbfb

Neila Muñoz, C. M. (1999). La Educación de Adultos en España en el siglo XX (Una Perspectiva Histórica). Recuperat de http://www.amauta-international.com/EduAduXX.htm

Parlament de Catalunya. (2009). Llei d'educació. Llei 12/2009, del 10 de juliol, d'educació. Recuperat de: http://www.parlament.cat/document/nom/TL094.pdf

Pérez, E. & Pujol, M. (2014). Plan de Acción Tutorial en los Centros de Formación de Adultos Diálogos: Educación y formación de personas adultas. Volum 1-2/2015 (núm. 81-82), 44-53.

Real Academia Española (s. d.). Sistematizar. Recuperat de: http://dle.rae.es/?id=Y2IYt3k

Ritzer, G. (1996). La McDonalización de la sociedad. Un análisis de la racionalización de la vida cotidiana. Barcelona: Ariel.

SEPT. (s. d.). Objetivos Generales del Servicio de Educación Permanente de los Trabajadores (SEPT). [Objectius generals i concrets del SEPT]. Materials 40 anys d'història de l'educació de persones adultes a Girona: documents (Arxiu 2). Espai Paulo Freire de la Facultat d'Educació i Psicologia de la Universitat de Girona

Universitat de Barcelona. (s. d.). Què és l'ICE. Recuperat de http://www.ub.edu/ice/que_es_ice

Valls, A. (Abril 2006). 30 anys d'Educació de Persones Adultes a Catalunya. Revista quadrimestral de l'Associació per l'Educació de Persones Adultes (AEPA), vol. 50, 5-7. Recuperat de: http://aepa1983.org/ficheros/papers50.pdf

Vera, C. S. (2010). «Educación permanente» y «aprendizaje permanente»: dos modelos teórico-aplicativos diferentes. Revista iberoamericana de educación, (52), 203-230.

Villena, M. Á. (2016). Los misioneros laicos de la República. Entrevista a Alejandro Tiana. Recuperat de: https://laicismo.org/2016/los-misioneros-laicos-de-la-republica/151602

Viviani, L,. (2011) La determinación del mercado: Gelpi y las disonancias en las organizaciones educativas críticas. Edicions del Crec.

Mestrado profissional em educação de jovens e adultos: duas experiências em projetos de intervenção

Ana Célia Dantas Tanure
Maria da Conceição Cédro Vilas Bôas de Oliveira
Graça dos Santos Costa
Patrícia Lessa Santos Costa

Nas academias, nos espaços escolares, nas instituições educacionais e demais espaços, muito já se tem dialogado sobre a importância de engendrar processos formativos do professor, tanto no período inicial quanto no continuado, no sentido de atender às novas exigências educacionais que se revelam a partir de contextos historicamente, politicamente, economicamente, socialmente e culturalmente construídos e revelados nos diferentes contextos de vida dos estudantes, dos professores, da comunidade e da sociedade. Entretanto, apesar de construirmos conhecimentos a respeito de processos de ensino e aprendizagem dos estudantes, atualmente ainda vivenciamos espaços formativos carentes e apartados da realidade concreta das escolas nas quais o professor, o gestor e o coordenador pedagógico atuam.

Pensar na formação continuada do professor que atua na Educação de Jovens e Adultos – EJA e nos desafios advindos desta não está dissociado deste entendimento, cujos desafios se potencializam, uma vez que esta modalidade é tensionada como um "[...] campo carregado de complexidades que carece de definições e posicionamentos claros" (Arroyo, 2011, p.7). Ante tais complexidades, as definições e posicionamentos do professor e demais profissionais exigem destes um olhar, uma aproximação e um entendimento crítico sobre os sujeitos da EJA, sobre as constantes negações de direitos as quais eles vivenciam em suas trajetórias de vida, sobre seus cotidianos escolares de exclusão, sobre as inadequações curriculares, de planejamento, de estratégias metodológicas voltadas para atender às especificidades desses educandos, dentre outras questões. Isso nos leva a compreender os complexos enredamentos postos aos professores desta modalidade, que atuam nas redes públicas de ensino, seja na condição de cursos de aperfeiçoamento, seja no campo da pós-graduação *stricto sensu.*

Sob o ponto de vista normativo, a Lei de Diretrizes e Bases da Educação – LDB nº 9394/96, as Diretrizes Curriculares Nacionais para a Educação de Jovens e Adultos prevê processos formativos para os professores da EJA. Entretanto, apesar dos avanços tensionados e conquistados nas últimas décadas, que se reverberam nas legislações, estas ainda não se revelam por meio de ações mais concretas e nem estão sistematizadas em políticas públicas, no que se refere à formação de professores da EJA. Por outro lado, os professores encontram complexos desafios nos cotidianos das salas de aula da EJA, gestados a partir dos contextos históricos, políticos, econômicos, sociais e culturais do nosso país; contextos estes que trazem para a centralidade da sala de aula os conflitos, as expectativas, as lutas, as incompreensões, o sentimento de impotência e o desânimo do professor frente ao seu trabalho.

Recentemente, já vislumbramos alguns cursos de graduação que trazem nos seus currículos incursões mais aprofundadas sobre a Educação de Jovens e Adultos. No cenário da pós-graduação, despontam cursos de especialização em EJA e, mais recentemente, o Programa de Pós-Graduação em Educação de Jovens e Adultos (Mestrado Profissional) da Universidade do Estado da Bahia (UNEB), que vem contribuindo de forma pioneira para os diálogos sobre a Educação de Jovens e Adultos em âmbito nacional. O mestrado demanda uma Proposta de trabalho de natureza interventiva, com tres dimensões de escolha: 1) Projeto de intervenção voltado à resolução de um problema; 2) Projeto de pesquisa aplicada, pesquisa que pode ser aplicada de forma concreta na realidade pesquisada; 3) Projeto de desenvolvimento técnico e tecnológico, voltada ao desenvolvimento de inovações que resultem em "novos produtos, processos ou serviços".

Ampliar e garantir espaços formativos que deem conta da EJA, de suas especificidades e desafios, é fundamental para um contexto educativo da EJA com mais equidade e garantia de direitos.

Diante desse contexto, este artigo tem por objetivo apresentar duas experiências de projetos de intervenção do MPEJA, na área de concentração da Formação do Professor e Políticas Públicas. Inicialmente, neste artigo, apresentaremos e refletiremos sobre o Mestrado Profissional em Educação de Jovens e Adultos como um novo campo de pesquisa na Educação de Jovens e Adultos, evidenciando as linhas de pesquisas, as áreas de concentração e as descrições das mesmas.

Em seguida, o artigo traz algumas reflexões e considerações a respeito da formação continuada do professor que atua na EJA. Por fim, apresenta e analisa dois projetos de intervenção da Área de Concentração 02 – Formação de Professores e Políticas Públicas, refletindo sobre suas implicações enquanto projetos de formação de professores. O primeiro projeto tem como título Formação dos Professores da Educação de Jovens e Adultos Currículo e culturas juvenis na Educação de Jovens e Adultos: Diálogos Formativos, resultante da pesquisa 'Currículo e Culturas Juvenis - Um estudo de caso sobre as Representações Sociais dos Estudantes da Educação de Jovens e Adultos no Município de Conceição da Feira - Ba". O segundo se intitula Oficinas formativas-investigativas: um olhar no currículo tempos formativos e na política de EJA da Bahia, resultante da pesquisa "Tecendo saberes e fazeres no currículo da educação de jovens e adultos: estudo sobre representações sociais de profissionais da educação de uma escola polo da cidade de Feira de Santana – Bahia".

Programa de Pós-Graduação em Educação de Jovens e Adultos (Mestrado Profissional): novo campo de pesquisa em EJA

Os mestrados profissionais foram lançados pelo MEC a partir de 1995, através da Portaria da Capes nº 47, sendo regulamentados pela Portaria 80/1998 do MEC, que passa a assumir a regulamentação dos mesmos. Nos contextos dos mestrados profissionais, é importante ressaltar que tanto os seus estudantes, como os egressos dos mestrados acadêmicos, possuem os mesmos direitos de acesso aos cursos de doutoramento, porém com especificidades, a exemplo do produto corporificado em um projeto ou proposta de intervenção. Ribeiro (2005) *apud* Chisté (2016) contribui com esta discussão, quando sinaliza que os dois tipos de mestrado, acadêmico e profissional, se diferenciam principalmente pelo produto, enquanto resultado esperado, e também pela formação do pesquisador. Neste seguimento, os autores ainda apontam que:

> [...] também deve ocorrer a imersão na pesquisa, mas o objetivo é formar alguém que, no campo profissional externo à academia, saiba localizar, reconhecer, identificar e, sobretudo, utilizar a pesquisa de modo a agregar

valor a suas atividades, sejam essas de interesse pessoal ou social (Chisté, 2016, p. 791).

Nesse universo dos Mestrados Profissionais, a partir de 2013, o campo da EJA se inova com a criação de um curso de Mestrado *strictu sensu*, pela Universidade do Estado da Bahia – UNEB, denominado Mestrado Profissional de Educação de Jovens e Adultos – MPEJA, na Bahia. Esse curso está vinculado ao Departamento de Educação (DEDC) no Campus I em Salvador - BA. Sua organização e objetivos são respaldados legalmente pela "Portaria Normativa n° 17, de 28 de dezembro de 2009, e Edital n° 005/ de 30 de abril de 2010 do Ministério da Educação, que dispõem sobre o mestrado profissional no âmbito do sistema nacional de pós-graduação no Brasil".

Assim, o MPEJA se revela pioneiro nesse tipo de formação no Brasil, contribuindo certamente para a ampliação das discussões, tão necessárias sobre a educação de jovens e adultos na Bahia, e certamente no Brasil como um todo, além de fomentar debates e garantir visibilidade a esse campo de estudo, evidenciando práticas construtivas que, por certo, podem viabilizar políticas públicas em nível regional, estadual e nacional. Esse Programa oferece anualmente 30 vagas, distribuídas em três áreas de concentração: Área de Concentração 1 – Educação, Trabalho e Meio Ambiente; Área de Concentração 2 – Formação de Professores e Políticas Públicas; Área de Concentração 3 – Gestão Educacional e Tecnologias.

Em seu regimento, no Art. 3°, está registrada a finalidade do Programa, quer seja: "a qualificação de profissionais que já atuam nesta área do ensino, a fim de que estes elaborem projetos de pesquisa e projetos de intervenção que expliquem e superem problemas da realidade profissional na qual estão inseridos [...]". Também evidencia a formação para a pesquisa e a produção de tecnologias educacionais para a EJA.

Em sua primeira avaliação trianual, o MPEJA foi bem avaliado pela CAPES, aumentando sua nota inicial de 3 para 4. Em 2017, com a 5ª turma selecionada, o MPEJA já havia defendido e publicado pesquisas de duas turmas, 2013.2 e 2014.2, conforme Quadro 1.

Quadro 01 – Quantidade de dissertações por Área de Concentração

Área de Concentração	Total
Área de Concentração 01	16
Área de Concentração 02	20
Área de Concentração 03	13
Total	49

Fonte: Organizado pelas autoras, com informações do site:
www.uneb.br/mpeja.

Essas áreas de concentração, a partir dos seus objetivos, orientam e consolidam o processo formativo dos mestrandos e mestrandas, nos campos de suas investigações, promovendo uma formação reflexiva do estudante ao apontar os caminhos para as pesquisas. Essa organização pode ser percebida no quadro seguinte:

Quadro 2- MPEJA - Áreas de Concentração e Linhas de Pesquisa

Linha de pesquisa	Área de Concentração	Descrição
Educação e Trabalho	Área de Concentração 01 Educação, Trabalho e Meio Ambiente	Constitui o saber característico da área de atuação do profissional de EJA, que trata de questões relacionadas à histórica lacuna das políticas públicas na educação brasileira: as consequências do analfabetismo para a constituição das relações sociais e ambientais no seio das comunidades; a ausência da educação básica como fator de exclusão social. Pretende-se, assim, estudar a qualidade da formação dos recursos humanos na Bahia no contexto da globalização das habilidades

		para o mundo do trabalho, pesquisando a relação educação, trabalho e meio ambiente, eixo norteador para a formação de professores.
Formação de Professores	Área de Concentração 02 Formação de Professores e Políticas Públicas	Contempla os saberes característicos da docência, da pesquisa e da extensão em educação de jovens e adultos, as especificidades desta modalidade, tratando de questões interligadas com as competências e habilidades básicas do profissional em EJA e das experiências inovadoras que assegurem um bom desempenho do profissional e a efetiva qualificação para o mercado de trabalho.
Gestão e TIC's	Área de Concentração 03 Gestão Educacional e Tecnologias da Comunicação	Abrange os estudos sobre gestão educacional em EJA e as novas tecnologias, observando os limites e as possibilidades da inovação pedagógica na ação dos gestores de EJA e a disseminação do conhecimento por meio das novas tecnologias, analisando, assim, as modalidades de gestão em EJA, destacando a gestão participativa e democrática, a fim de estabelecer vínculos entre a organização do trabalho, a organização social, política e econômica na gestão de EJA, investigando a organização da escola e as políticas de gestão de EJA no Brasil e na Bahia, problematizando impactos das políticas educacionais no cotidiano da vida escolar e nas identidades dos atores escolares de EJA.

Fonte: Universidade do Estado da Bahia (2012).

De acordo com a proposta de criação, o Programa tem por objetivo preparar científica, profissional e academicamente profissionais com "capacidades científica, didático-pedagógica, técnica, política e ética, para o desenvolvimento do ensino da extensão e da pesquisa e a qualificação profissional na área da educação de jovens e adultos para atuar no mercado de trabalho" (Universidade do estado da Bahia, 2012), atendendo às especificidades do campo da EJA.

Assim, enquanto formação *strictu sensu,* deve englobar os conhecimentos gerais (filosóficos históricos, sociológicos, culturais em EJA) e os conhecimentos específicos (metodológicos e didáticos) que formem os mestrandos com competências básicas para atuar na "gestão e tecnologia, ensino, pesquisa ou extensão na área da educação de jovens e adultos, de acordo com as áreas de concentração do curso, e ter cumprido todos os requisitos" (Universidade do estado da Bahia, 2012, p. 5).

Para tal fim, o documento Proposta de trabalho orienta que a intervenção pode contemplar uma das 03 dimensões: 1) Projeto de intervenção, voltado à resolução de um problema; 2) Projeto de pesquisa aplicada, pesquisa que pode ser aplicada de forma concreta na realidade pesquisada; 3) Projeto de desenvolvimento técnico e tecnológico, voltado ao desenvolvimento de inovações que resultem em "novos produtos, processos ou serviços". Moreira (2004) atribui uma pesquisa aplicada ao trabalho final do Mestrado Profissional, com formas e produtos que possam ser replicados por outros profissionais. Assim, garante a natureza voltada à ação de resolver ou atender uma demanda social.

De forma mais verticalizada nesta caracterização do mestrado, da primeira turma, em 2013 até 2016, Moraes, Dourado e Amorim (2017, p.66) caracterizam os primeiros 120 mestrandos, com "[...] uma média de idade de 39 anos", em sua maioria representados por mulheres educadoras, da seguinte maneira:

> [...] mais de 60% dos alunos são considerados negros ou pardos e tem origem nas instituições públicas de ensino do interior da Bahia; - mais de 70% dos alunos são do sexo feminino; - mais de 85% já atuam na área de educação de jovens e adultos, sendo que os demais, já firmaram compromisso com a atuação na EJA quando retornarem às suas origens.

Ademais, os mestrandos, em sua maioria, já desenvolvem atividades no campo educacional, seja na profissão docente, na coordenação, na gestão ou como técnicos ligados à educação de jovens e adultos. Um aspecto muito positivo nesse mestrado diz respeito à adesão ao campo teórico a partir da concepção freireana, cerne das discussões e estudos que demarcam significativamente o território de pesquisa com experiências relevantes voltadas para a realidade dos mestrandos em curso, de forma a fomentar e valorizar as lutas da EJA em diversos territórios da Bahia.

Formação de professores na EJA, currículo e intervenção: diálogos necessários

Entendemos que o fomento aos processos formativos do professor da EJA deve estar comprometido em tecer trajetórias para: a construção de uma base teórica imbricada com a latência da sala de aula da EJA, possibilita aproximações e reconhecimentos com as diferentes realidades de vida dos estudantes presentes no cotidiano escolar, perfilando novos cenários curriculares e de práxis pedagógicas, além de abarcar "processos formativos diversos, em que podem ser incluídas iniciativas visando [...] à formação política e a questões culturais" (Di Pierro, 2001, p. 58).

Neste cenário, o professor também é visto como um elemento interpretativo destes contextos da EJA, e compreendido como um provocador de mudanças capazes de contribuir para a redefinição de novas arquiteturas da EJA, visto que, "na atividade pedagógica relacionada com o currículo, o professor é um elemento de primeira ordem na concretização desse processo" (Sacristán, 2000, p.165).

Em continuidade, Arroyo, (2013, p.19) elucida que "a escola gira em torno dos professores, de seu ofício, de sua qualificação e profissionalismo. São eles e elas que a fazem e reinventam". Assim, qualificação dos professores nos parece ser uma das chaves de entendimento para a complexidade que gravita em torno da Educação de Jovens e Adultos, questão essa que não é atual, porém vem ganhado força nas últimas décadas quando é tensionada nas pautas das discussões sobre a EJA, a urgência de se rever elementos nos espaços de graduação e pósgraduação, no sentido de favorecer discussões que tenham como foco central esta modalidade, suas complexidades e especificidades.

A normatização da formação dos professores, incluindo os professores da EJA, é contemplada na Lei de Diretrizes e Bases da Educação - LDB nº 9394/96, no Art. 67º -, definindo que "os sistemas de ensino promoverão a valorização dos profissionais da educação, assegurando-lhes, inclusive nos termos dos estatutos e dos planos de carreira do magistério público". Ainda assegura, no inciso II, "aperfeiçoamento profissional continuado, inclusive com licenciamento periódico remunerado para esse fim". (Brasil, 1996.n.p). Em continuidade, a Resolução do CNE/CEB Nº 1, de 5 de julho de 2000, Estabelece as Diretrizes Curriculares Nacionais para a Educação e Jovens e Adultos, indicando que,

> Art. 17- A formação inicial e continuada de profissionais para a Educação de Jovens e Adultos terá como referência as diretrizes curriculares nacionais para o ensino fundamental e para o ensino médio e as diretrizes curriculares nacionais para a formação de professores, apoiada em: I–ambiente institucional com organização adequada à proposta pedagógica; II–investigação dos problemas desta modalidade de educação, buscando oferecer soluções teoricamente fundamentadas e socialmente contextuadas; III–desenvolvimento de práticas educativas que correlacionem teoria e prática; IV–utilização de métodos e técnicas que contemplem códigos e linguagens apropriados às situações específicas de aprendizagem. (Brasil, 2000, n.p.).

As leis supracitadas apontam possíveis organizações para os processos formativos do professor, uma vez que contemplam estudos mais aprofundados sobre as especificidades da EJA. Mais que isso, apontam para discussões a respeito dos cenários históricos, sociais, culturais e econômicos dos estudantes da EJA, imprescindíveis nesse processo de formação. Além disso, os espaços formativos representam possibilidades da escola e dos professores refletirem criticamente sobre seus currículos, enfrentando os desafios dessa modalidade educativa, tendo em vista adequá-los ou reorganizá-los de forma a atender às necessidades dos estudantes advindas dos seus contextos socioeducativos.

Esses contextos socioeducativos são imbricados de desafios que se impõem cotidianamente e dinamicamente aos professores e à escola também, exigindo que os mesmos busquem, na sua trajetória profissional, diferentes caminhos para enfrentá-los, sendo que a formação se apresenta como um deles. A seguir, apresentamos alguns desses desafios: as especificidades da educação de jovens e adultos não se detêm apenas aos aspectos pertinentes à rotina escolar; estas ultrapassam os muros da escola e se constituem segundo contextos sociais, culturais e econômicos dos estudantes; as poucas ofertas de cursos de formação continuada para os professores da EJA; a desconstrução, por parte da escola, dos estereótipos de estudantes da EJA, que têm como modelo os estudantes do diurno; atender às expectativas dos estudantes da EJA; as inadequações das propostas curriculares para a EJA; trabalhar com as diferentes culturas juvenis trazidas pelos estudantes; contemplar no planejamento as peculiaridades existentes nas salas de aula; trabalhar com os estudantes jovens. (Oliveira, 2016, p.100.101)

Os desafios supracitados e tantos outros vêm corroborar a necessidade de investimentos, tanto em formação inicial, como em formação continuada no campo de estudos da educação de jovens e adultos. Contudo, já presenciamos na academia algumas dessas iniciativas, com ofertas no campo da pós-graduação, a exemplo do Programa de Pós-Graduação em Educação de Jovens e Adultos, ainda insuficientes para atender a demanda de professores que atuam na EJA, o que nos leva a pensar sobre a necessidade de ampliação desses estudos em nível de graduação e pós-graduação.

Pensando na EJA e em suas especificidades, os processos formativos dos professores devem tensionar os programas curriculares com a leitura da realidade e as necessidades contextuais e reorientar as práticas. Para além, os processos formativos devem ser forjados na conjunção entre a investigação incessante da ação do cotidiano do professor e o trabalho da escola (Nóvoa, 2009) ou seja, enquanto os processos formativos "forem apenas injunções do exterior, serão bem pobres as mudanças que terão lugar no interior do campo profissional docente" (Nóvoa, 2009, p. 19).

Assim, é imperativo que os espaços formativos fomentem reflexões críticas a respeito de responder: Em que contextos políticos estamos? Qual a visibilidade que a EJA encontra na sociedade? Quem são os jovens e adultos que chegam à EJA? Quem são os jovens que estão na escola pública? Quem são os professores da EJA? Quais formações trazem para a EJA? São reflexões fundamentais a se considerar nos processos formativos. Em contribuição, Dos Santos Costa (2012,

p. 137) elucida que "o processo formativo deve trabalhar a dimensão do cidadão e do profissional, do individual e da coletividade, levando em consideração que fazemos parte de múltiplas pertinências".

Afinal, como afirma Arroyo (2013, p.53), ao tentar dar conta das estruturas de poder políticas, sociais, econômicas e culturais, mais evidenciadas ainda em se tratando da EJA, "reaprendemos que nosso ofício se situa na dinâmica histórica da aprendizagem humana, do ensinar e aprender a sermos humanos. Por aí re-encontramos o sentido educativo do nosso oficio de mestres, docentes. Desco-brimos que nossa docência é uma humana docência".

E para tornarmos nossos currículos mais humanos, devemos partir das deman-das dos atores curriculares. A intervenção formativa e curricular deve ocorrer por meio da escuta aos desafios do dia a dia das escolas e trazer à tona práticas interventivas, frutos da escuta e problematização do cotidiano curricular. Sendo assim, as metodologias das intervenções devem ser colaborativas, que favore-çam o desenvolvimento profissional, geradas pelos saberes da prática, tendo como base os contextos concretos de atuação docente.

A intervenção pedagógica não deve ser instrumental, uma "fórmula" construída na academia para resolver os desafios curriculares da escola, mas, sobretudo, deve ser forjada a partir de reflexões individuais dos docentes e das interlo-cuções entre as práticas com outros professores, frutos de pesquisa, do estudo das demandas, desejos e necessidades do contexto. Dentro dessa lógica, a seguir apresentaremos dois projetos de intervenção realizados no MPEJA.

Projeto de Intervenção para a formação de professores frente ao fenômeno da juvenilização da EJA

O projeto de intervenção intitulado Formação dos Professores da Educação de Jovens e Adultos Currículo e culturas juvenis na Educação de Jovens e Adultos: Diálogos formativos, resultante da pesquisa Currículos e Culturas Juvenis: Um Estudo de Caso sobre as Representações Sociais dos Estudantes da Educação de Jovens e Adultos no município de Feira de Santana-Ba, realizada no Mestrado em Educação de Jovens e Adultos- MPEJA, foi norteado pelos princípios defen-didos por Nóvoa (2009), por compreender que a formação do professor deve ser forjada tendo como premissas a investigação e a reflexão da ação docente do professor em processos colaborativos com seus pares, articulada aos seus saberes construídos socialmente durante sua trajetória profissional" (Oliveira, 2016, p. 102). No Quadro 03, a proposta de intervenção é explicitada.

Quadro 03 – Proposta de Intervenção junto aos professores de Educação de Jovens e Adultos.

Formação de Professores da Educação de Jovens e Adultos Currículo e culturas juvenis na Educação de Jovens e Adultos: Diálogos formativos.
Objetivo General: Refletir e compreender sobre as especificidades que perpassam pela educação de jovens e adultos segundo um contexto de Juvenilização da EJA, na perspectiva de compreender os desafios e as possibilidades para a construção de um currículo que atenda a cultura juvenil.
Objetivos Específicos: • Promover um estudo reflexivo sobre o perfil dos professores e estudantes da EJA; • Discutir sobre o processo de Juvenilização da EJA e as diferentes concepções de juventude; • Reconhecer as diferentes culturas juvenis presentes nos cotidianos dos estudantes da EJA; e • Compreender a necessidade de contemplar os diálogos interculturais nos currículos da Educação de Jovens e Adultos.
Temáticas de Estudos: • Perfil do professor da Educação de Jovens e Adultos; • Perfil dos estudantes da EJA; • Marcos legais e os contextos históricos da EJA; • Concepções de currículo; • A Política de EJA da Rede Estadual – Política de Educação de Jovens e Adultos, Aprendizagem ao Longo da Vida; • Os processos de Juvenilização da EJA; • Concepções de juventude segundo os contextos históricos e socioculturais e o currículo escolar; • A Escola, a juventude e as culturas juvenis na EJA;

• O multiculturalismo e os desafios e possibilidades para a prática pedagógica • Os diálogos interculturais com as diferentes culturas juvenis no currículo da EJA.
Princípios Metodológicos: Priorizar os espaços colaborativos de formação, no sentido de propiciar trocas de experiências e conhecimentos que envolvem a docência na EJA, visando a compreender os desafios e as possibilidades para a construção de um currículo que atenda a cultura juvenil.
Princípios Avaliativos: A avaliação dos trabalhos tem por objetivo acompanhar e regular o processo formativo dos professores, assim como o desempenho do formador durante a formação continuada, tendo em vista o alcance dos objetivos desta formação. Será dividida em duas partes: a primeira se refere à avaliação do percurso formativo dos professores como base na sua participação individual e coletiva nas discussões durante a formação, na realização dos estudos individuais e na elaboração e aplicação de atividades práticas em sala de aula. A segunda parte se refere a uma avaliação dos trabalhos desenvolvidos pelos formandos durante a formação.

Fonte: Oliveira (2016, p. 103 112).

O projeto de intervenção supracitado demanda discussões a respeito do fenômeno de Juvenilização da EJA. Para tanto, traz no seu escopo diálogos sobre: perfil do professor e dos estudantes da EJA; os marcos legais e históricos dessa modalidade; concepções de currículo; os processos de Juvenilização da EJA e os desafios e possibilidade advindos dos mesmos. Nesta discussão, o projeto de intervenção propõe, como princípio metodológico, eleger espaços colaborativos que possibilitem a interlocução de experiências, saberes e conhecimentos sobre a EJA, tendo em vista compreender os desafios e as possibilidades para a construção de um currículo que atenda a cultura juvenil.

Nesse ínterim, é fundamental considerar as especificidades dos professores, uma vez que os mesmos são constituídos historicamente, socialmente e culturalmente, com "seu sistema de crenças, seus sentidos, suas expectativas, seus objetivos e seus valores sobre os alunos e suas famílias, bem como o desvelamento da sua função em sala de aula" (Dos Santos Costa, 2012, p. 136). Sendo um campo profícuo para "dar condições aos professores de investigar e refletir sobre suas condutas, seus conteúdos, práticas, planejamentos, estratégias didáticas ante as diversidades dos estudantes, pois acreditamos que os estudantes sejam constituídos por práticas sociais forjadas em diferentes contextos" (Oliveira, 2016, p. 104).

Nesse contexto, o presente projeto de intervenção foi pensado de forma a refletir e compreender sobre as especificidades que perpassam pela Educação de Jovens e Adultos, segundo o contexto de Juvenilização da EJA, o que demanda um grande desafio para os currículos e os planejamentos dos processos formativos do professor dessa modalidade.

Projeto de intervenção com uso do dispositivo das oficinas formativas-investigativas, enquanto espaços de pesquisa e formação

A complexidade do campo de formação do professor da EJA, carente de investimentos na formação inicial das licenciaturas, conforme apontam várias pesquisas (Ventura, 2012; Paiva, 2011; Soares, 2007), mostra-se também insuficiente na formação continuada da rede estadual de ensino, diante das especificidades apontadas pela política da EJA, enquanto características necessárias ao professor que atua nessa modalidade de ensino: o educador da EJA deve ser formado nos "tempos da juventude e vida adulta" e ter aproximação com a comunidade e os princípios da Educação popular (BAHIA/SEC, 2009, p. 16). Por certo, o currículo da EJA – BA exige dos professores conhecimentos específicos de formação humana que não são contemplados na formação dos professores licenciados que atuam nela.

Diante desse contexto, a organização de espaços de formação continuada nas escolas que ofertam a EJA se torna imprescindível ao atendimento dessa modalidade de ensino, espaços de formação que proporcionem aos professores o diálogo, a troca de experiências e conhecimentos sobre o processo de aprendizagem do estudante jovem, adulto ou idoso, seu currículo e suas políticas. Nesse processo de formação permanente, a colaboração dos professores é fundamental (Imbernón, 2001), visto que eles são construtores de currículo (Sacristán, 2000).

Nessa perspectiva, acreditando na importância da participação dos professores em processo de formação, foram planejados encontros com caráter formativo e investigativo ao mesmo tempo, intitulados Oficinas Formativas-Investigativas (OFI). Dos Santos Costa (2009) esclarece sua natureza, informando que na literatura encontramos definições de oficinas formativas, críticas, investigativas, etc. É importante ressaltar que a oficina é uma estratégia técnica para coletar as informações dos sujeitos da investigação através de debate e diálogo entre os participantes, mediados por um monitor/especialista, assim como um espaço de aprendizagem por descobrimento, de formação teórica e prática, que está calcado na pedagogia dialógica, que prima pela horizontalidade comunicativa (Dos Santos Costa, 2009, p. 213).

O projeto de intervenção intitulado Oficinas formativas-investigativas: um olhar no currículo tempos formativos e na política de EJA da Bahia, resultante da pesquisa "Tecendo saberes e fazeres no currículo da educação de jovens e adultos: estudo sobre representações sociais de profissionais da educação de uma escola polo da cidade de Feira de Santana – Bahia", realizada no MPEJA, aconteceu no percurso da pesquisa como estratégia metodológica grupal, organizada em oficinas com o caráter de investigação e formação no mesmo tempo/espaço, de forma a possibilitar a troca dialógica entre os professores e desvelar concepções, evidenciar significados e representações sociais sobre a EJA, sua política e seu currículo. Dos Santos Costa (2009) a reconhece como uma técnica para coletar informações em processo de investigação, fundamentada na horizontalidade comunicativa. Assim, se torna um rico espaço de formação teórica e prática que privilegia o debate e o diálogo entre os participantes desses processos formativos.

A realização das Oficinas Formativas-Investigativas (OFI) aconteceu na escola entre maio e junho/2016, a partir do seguinte planejamento:

Quadro 04 – Proposta de Intervenção junto aos professores de Educação de Jovens e Adultos.

Oficinas formativas–investigativas: um olhar no currículo tempos formativos e na política de EJA da Bahia
Objetivo Geral: Potencializar um processo formativo e investigativo ao mesmo tempo, tendo como objeto de análise e estudo o Currículo da EJA implementado pela Política de Educação de Jovens e Adultos da Rede Estadual da Bahia. **Objetivos Específicos:** Formativos: a) Possibilitar o reconhecimento da EJA enquanto direito legal; b) Possibilitar espaço de reflexão sobre ser professor da EJA e as características dos estudantes da EJA; c) Provocar reflexões sobre a Política de EJA-BA e o currículo da EJA implementado na Rede Estadual da Bahia; d) Ampliar conhecimentos sobre a organização do trabalho didático na EJA; e) Refletir sobre as possibilidades do trabalho com projetos na EJA; f) Compreender o processo de planejamento coletivo e avaliação na EJA. Investigativos: a) Estabelecer vínculo entre pesquisador e colaborador; b) Ouvir sensivelmente as aprendizagens e acolher os seus processos; c) Levantar a representação social dos professores sobre a política e o currículo e EJA através de registros, memórias, dinâmicas; d) Compreender as tensões, aproximações e distanciamento entre o currículo prescrito e vivido na EJA a partir das falas, registros e simbologias dos professores colaboradores.
Temáticas de Estudos Os conteúdos foram levantados a partir da expectativa dos professores sobre a necessidade de formação, por meio de um questionário Roteiro diagnóstico, e abrange: a) Princípios e diretrizes da Política de Educação de Jovens e Adultos; b) Currículo de EJA organizado em Tempos formativos; c) Planejamento; d) Avaliação.
Princípios Metodológicos: Aspectos metodológicos na perspectiva dialógica de Paulo Freire, que privilegia o diálogo como principal fundamento, como possibilidade de dialogar/elaborar/compartilhar coletivamente com as ações

planejadas e a serem planejadas na interlocução com os professores colaboradores, que poderão promover discussões, divulgar ideias e atividades desenvolvidas em suas práticas pedagógicas.
Princípios Avaliativos: A avaliação terá um caráter permanente em cada encontro e acontecerá através de relatos orais e/ou registros escritos. O grupo, ao final de cada oficina, teve a liberdade de avaliar cada encontro e decidir/reorganizar o próximo encontro.

Fonte: Elaborado a partir de Tanure (2016).

A princípio foi realizado um encontro com os professores em momento de Atividade Complementar (AC) para apresentar a proposta do projeto de intervenção, levantar interesse de participação e possíveis temas de interesse de estudo relacionado à EJA. Ao final do encontro, foi disponibilizado aos professores um questionário para colher algumas informações iniciais em relação à atuação, formação e temas da EJA de interesse de estudo. Enquanto critérios para participar da pesquisa, os professores teriam que: desejar participar, atuar na EJA e ter disponibilidade para participar dos encontros formativos. Aceitaram participar da pesquisa 25 professores, além do coordenador pedagógico e da gestora do Colégio Determinação. Estiveram presentes, na primeira oficina, 19 pessoas, na segunda 18 e na terceira 16 pessoas, cujos encontros aconteceram conforme o planejamento do quadro 05:

Quadro 05 - Organização das Oficinas Formativas

OFICINA	NECESSIDADES FORMATIVAS	OBJETIVOS FORMATIVOS	NECESSIDADES INVESTIGATIVAS	OBJETIVOS INVESTIGATIVOS
Oficina 1	Compreender a própria política da EJA em seus princípios, diretrizes e currículo.	Ampliar os conhecimentos sobre a política e o currículo da EJA. Possibilitar o reconhecimento da EJA enquanto direito.	Estabelecer vínculo com os professores colaboradores. Levantar as representações so-	Estabelecer vínculo investigativo. Levantar as representações sociais dos profes-

		Possibilitar espaço de reflexão sobre ser professor da EJA e as características dos estudantes da EJA.	ciais dos professores sobre a política e o currículo da EJA.	sores sobre a política e o currículo e EJA.
Oficina 2	Currículo	Refletir sobre a proposta curricular da EJA.	Levantar as representações sociais dos professores sobre o currículo e EJA.	Analisar as representações sociais dos professores sobre o currículo e EJA .
Oficina 3	Planejamento Como trabalhar com Artes Laborais	Compreender o processo de planejamento coletivo na EJA; Discutir a ementa da disciplina Artes e Atividades Laborais.	Levantar as representações sociais dos professores sobre o planejamento na EJA.	Analisar as representações sociais dos professores sobre o ato de planejar na EJA.
Oficina 4	Avaliação	Refletir sobre o processo de Avaliação na EJA, compreendendo seus princípios epistemológicos.	Levantar as representações sociais dos professores sobre o planejamento na EJA.	Analisar as representações sociais dos professores sobre a avaliação na EJA.

Fonte: Tanure (2015, p. 96).

A quarta oficina foi impedida de acontecer, devido a problemas elétricos e às férias escolares. Na realização das oficinas aconteciam ações voltadas à investigação e ações voltadas à formação. Nesse artigo, privilegiamos o viés da formação. Enquanto ações metodológicas, utilizamos perguntas problematizadoras sobre a política curricular da EJA, registros livres, relatos orais, análise de imagens, estudo em grupo e exposição dialogada. Ao final de cada encontro, os professores avaliavam o momento e validavam o próximo encontro em relação ao tema de estudo e sua data de realização. Todas as oficinas foram gravadas com autorização prévia dos participantes e, ao iniciar o próximo encontro, a síntese das discussões do encontro anterior era retomada. Essas oficinas foram organizadas de forma a possibilitar a reflexão crítica sobre a política curricular da EJA e seu impacto na prática docente a partir da perspectiva de diálogo horizontal (Freire, 1996).

O foco desse processo formativo foi a análise e reconhecimento da política curricular da EJA- BA, intitulada Aprendizagem ao longo da vida, implementada em 2009 pela Secretaria de Educação do Estado da Bahia e vigente no ano da pesquisa, 2016. Das contribuições dos professores nos momentos formativos, ficou evidente o desconhecimento de parte do grupo em relação a esse documento normativo que rege até hoje o processo educativo da EJA no estado da Bahia (em questionário inicial da pesquisa, apenas 12 pessoas responderam terem conhecimento sobre essa política, correspondente a 44% do total dos participantes).

Falas confirmaram desconhecimento ou inconsistência como: "o currículo novo, eu ainda estou achando, ainda considero que o currículo em si ele tá ótimo, mas a apropriação dele, o entendimento dele, ele tem muitas lacunas, a maioria os professores não conseguem entender" P(5). Assim como a assertiva da professora P(6): "Desconhecimento, eu comecei a ensinar desconhecendo tudo, o que é que vou ensinar? Não sei, claro que eu sei que tem muita coisa pra ensinar, mas do ponto de vista dirigido, orientado, desconhecimento total". Ou a fala da professora P(10): "a gente sabe da proposta ou acha que sabe da proposta".

No decorrer das oficinas, dúvidas surgiram a respeito de concepções e princípios inerentes a essa política curricular, como o que seria um currículo crítico, formação humana plena, entre outras. Nesses encontros o processo de trocas, reflexões e mesmo reações se constituíram em momentos de aprendizagens significativas. Goméz (1997) evidencia que a aprendizagem acontece além dos conceitos ou de novas teorias; acontece a partir da dialogicidade da conversa aberta, a partir da reflexão com a prática. Por certo, quanto mais conhecimento os professores tenham do currículo da EJA, mais condições de implantá-lo no espaço escolar. Sacristán (2000) evidencia o poder do professor em modelar ou transformar o currículo, de forma a enriquecê-lo ou empobrecê-lo. A garantia do espaço formativo no cotidiano escolar, por certo, é condição imprescindível para o fortalecimento do processo educativo e a construção do currículo.

Ainda nesse processo formativo, muitos desafios relacionados à formação inicial ou continuada foram relatados pelo grupo. Os professores sinalizaram lacunas na formação inicial em relação à EJA (dos 27 participantes apenas 2 tiveram uma formação específica em EJA), como salienta a professora P(7), quando diz que " Outro ponto é garantir a formação continuada que a gente não tem, não tem nem formação", ou a professora P(2), que salienta: "Quem aqui ou quem já trabalhou há 17 anos, não sei há quantos anos nesse programa (vários falaram eu, eu) e foi qualificado, preparado para a EJA? Ninguém. Eu disse: nunca!".

As dificuldades de transposição da formação continuada sobre a política curricular realizada pela SEC em 2010, com professores multiplicadores, para o cotidiano da escola, a inconsistência na formação continuada na escola por ausência da garantia de espaço sistematizado da Atividade Complementar (AC) da EJA, como legalmente é determinada a AC do diurno, também representam desafios destacados pela professora P(8): "E o que mais me incomoda é a falta de planejamento, de uma forma assim geral".

A gestão da escola em estudo evidenciou, também, que a dupla atuação dos professores, no ensino diurno seriado e na EJA, representava uma dificuldade para a formação continuada, "visto cerca de 40% dos professores complementarem sua carga horária na EJA; logo, têm como principal atividade a docência no ensino seriado diurno" (Tanure, 2016, p.86), muitas vezes impactando a frequência desses professores em ACs no noturno.

Esse cenário de desafios ainda é acrescido por inadequação curricular e metodológica, com aulas na EJA acontecendo como reproduções de planejamentos do diurno, e pela incerteza da manutenção do turno noturno, que preocupava os professores, como afirmou a professora P(14), "então, qual o nosso objetivo enquanto educadores do noturno? É resgatar essa autoestima, acolher e ter aulas atraentes, pra que o noturno não feche. Porque se a gente não fizer isso, a gente não vai ter noturno dia nenhum mais". O esvaziamento da escola nos horários inicial e final do noturno, assim como a inexistência de sábados letivos na EJA também representam desafios.

Certamente, o currículo da EJA impõe aos professores a necessidade de conhecimento e compreensão para ser implementado em sala de aula. As diferenças epistemológicas entre o currículo da EJA e o currículo praticado no ensino seriado diurno representa um campo de tensões, revelado também pelos professores nos encontros formativos. Conhecer esse currículo e implementá-lo, segundo os professores, exige um maior investimento em tempo pedagógico e estudos, o que representa aumento de trabalho e investimentos, não condizente com a natureza de complementação do trabalho docente na EJA, provocando um *mal-estar* docente (Nóvoa, 2009).

Durante a realização das oficinas, os professores tiveram a oportunidade de conhecer, analisar e questionar a política curricular da EJA, reconhecendo as semelhanças e desafios existentes entre essa normativa e a prática deles, enquanto professores que atuam na EJA, modalidade desafiadora pelas questões históricas, sociais e epistemológicas que representa. Assim, se colocaram em uma postura reflexiva, com compromisso e busca de conhecimento de si mesmo, de sua prática e das dimensões que a política curricular impõe à sua ação profissional e ao cotidiano escolar. Alarcão (1996) referenda a necessidade de o professor conhecer sua profissão e a si mesmo, para se assumir enquanto profissional do ensino. Entretanto, o professor, enquanto profissional, se fortalece em interação com seus pares em espaços formativos e reflexivos, visto ser a reflexão um processo coletivo (Contreras, 2002).

Por fim, os professores construíram um currículo que eles pensaram ser ideal para a EJA e foram surpreendidos por perceberem muitas semelhanças entre os dois currículos. "Eles construíram um currículo flexível, interdisciplinar, ligado à realidade, com atividades dinâmicas, com ética e uso de novas tecnologias (Tanure, 2016, p. 102), reconhecendo os saberes e vivências dos estudantes, como preconiza a proposta curricular que considera "respeitar e implementar os princípios pedagógicos tão caros à Educação Popular e, consequentemente à EJA, quais sejam, o fazer junto, a dialogicidade e o reconhecimento dos saberes dos educandos" (Bahia/Sec, 2009, p.14)

Esses princípios teórico-metodológicos, progressistas, tão caros à Educação Popular, representam desafios à docência na EJA, ao colocar seus sujeitos no centro do processo educativo. Assim, a mediação docente ganha novos desafios e significados ao lidar com estudantes jovens e adultos, precarizados em suas vivências e encharcados de potencialidades formativas que, juntos, constroem e reconstroem suas próprias identidades.

Esse projeto de intervenção transcorreu em um espaço formativo que coadunou com princípios de interação e participação entre os pares nas discussões a respeito da política curricular da EJA. Evidenciamos que a participação dos professores no processo formativo, tendo como base sua prática e contexto de vida dos estudantes, contribuiu para um posicionamento crítico dessa política e para o entendimento dela, além de fortalecer os processos formativos dos professores da EJA na escola.

Tecendo considerações

O Programa de Pós-Graduação em Educação de Jovens e Adultos da UNEB, o MPEJA) representa uma experiência inovadora no campo de formação em EJA, tendo em vista que a modalidade é carente de maiores investimentos nos cursos das licenciaturas. Ou seja, consolida-se a necessidade de formação continuada para dar conta da multiplicidade que ela exige. Assim, esse mestrado profissional, voltado a atender a uma demanda social existente no campo da EJA, tem formado profissionais que atuam nas escolas, secretarias de educação, gestões municipais, coordenações pedagógicas, com experiências exitosas em formação continuada nos diversos territórios da Bahia.

Com a 7ª turma em andamento, o MPEJA, a partir das suas áreas de concentração, consolida sua natureza formativa, fortalecendo os processos formativos de mestrandas e mestrandos em seus esforços investigativos, proporcionando uma formação reflexiva ao orientar seus caminhos nas pesquisas.

Os projetos de intervenção do MPEJA, produto exigido pelo mestrado profissional, representam possibilidades de formação continuada e, quando efetivados, contribuem decisivamente nesse campo para os professores da EJA. Esses projetos podem ser organizados a partir de um projeto de intervenção voltado à resolução de um problema; um projeto de pesquisa aplicada ou um projeto de desenvolvimento técnico e tecnológico.

O projeto de intervenção Formação de Professores da Educação de Jovens e Adultos, Currículo e Culturas Juvenis teve como foco privilegiar os espaços colaborativos de formação, pela troca de experiências dos docentes que atuam na EJA, ante a necessidade de compreensão dos desafios e das possibilidades para a construção de um currículo que atenda a cultura juvenil. Assim, elege como temáticas desde o perfil dos estudantes e professores da EJA, contexto histórico, currículo, juvenilização da EJA, assim como estudos voltados à juventude e sua cultura, multiculturalismo e diálogos interculturais.

O projeto de intervenção, intitulado Oficinas formativas-investigativas: um olhar no currículo tempos formativos e na política de EJA da Bahia, desenvolvido no percurso do mestrado, proporcionou espaço de reflexão aos professores da

EJA sobre sua política curricular "Aprendizagem ao longo da vida" em processo de formação continuada. Esses encontros formativos e investigativos propiciaram aos professores o reconhecimento dos desafios e possibilidades que a EJA impõe no cotidiano escolar. A partir de reflexões, não apenas sobre a política curricular, mas ao dialogar sobre esse currículo, puderam refletir sobre suas práticas e seu protagonismo na construção do currículo.

A análise dos projetos aponta que as intervenções realizadas no MPEJA devem ter como base proposições construídas colaborativamente, frutos de diálogos horizontais e com seguimento e avaliação assegurados no projeto político pedagógico da escola:

- As intervenções não devem partir de organizações e reestruturações externas aos cenários vivenciados nas escolas, mas devem emergir de demandas curriculares contextuais, ou seja, os projetos devem ser frutos de pesquisa das problemáticas das escolas e responder aos desafios curriculares contextuais. As intervenções devem ser construídas colaborativamente, ou seja, construídas não *para* os sujeitos, e sim *com* os sujeitos envolvidos. Tal fato invalida proposições interventivas prescritas externamente a escolas, com finalidade de mera aplicação de receitas ditas "inovadoras".

- As metodologias das intervenções devem basear-se em espaços horizontais de diálogos com os sujeitos envolvidos como principais mecanismos nesta construção das propostas, reverberando no currículo intervenções corajosamente construídas na coletividade dos contextos de vida dos sujeitos envolvidos. Isso representa que não poderá ser um ato de depositar ideias, mas sim um ato transformador. Daí a necessidade de participativa/colaborativa.

- É fundamental que as intervenções e reconfigurações no currículo não sejam pontuais, mas que estejam presentes no Projeto Político Pedagógico (PPP) norteando todas as ações no cenário escolar. O PPP deve ter espaço aberto para incluir planejamentos a partir da insurgência de atores sociais e os projetos de intervenções devem ser incorporados ao planejamento da escola.

Enfim, importante ressaltar que, como mestrado Professional, as propostas de intervenções do MPEJA devem/deveriam ser forjadas por professores da EJA, a partir de pesquisas interventivas, frutos de demandas contextuais, e para tal, é preciso regulamentar os projetos de intervenções, no sentido de dar um alinhamento de diretrizes para a construção, a implementação e a avaliação das ditas propostas. A criação de tais regulamentações e estratégias de acompanhamento e avaliação da implementação desses projetos, mesmo após as defesas dos seus mestrandos, qualificaria a sua ação e a abrangência dos mesmos como espaços formativos/transformadores de algumas lacunas do campo da Educação de Jovens e Adultos

Referências

Arroyo, M. (2011). Currículo, território em disputa. Petrópolis, RJ: Vozes.

Ofício de Mestre (2013). Imagens e Autoimagens. Petrópolis, RJ: Vozes.

Bahia. Secretaria Da Educação, (2009). Política de EJA da Rede Estadual Aprendizagem ao Longo da Vida. Salvador - BA, Coordenação de Educação de Jovens e Adultos. Secretaria da Educação. Disponível em:<www.sec.ba.gov.br/jp2011/documentos/Proposta_da_EJA.pdf>.

Brasil. Câmara de Educação Básica, (2020). Diretrizes Curriculares Nacionais para a Educação e Jovens e Adultos. Resolução Cne/Ceb N° 1.

Brasil. (2009). Diário Oficial da União, Portaria normativa 17 (1) p.20 Disponível em: <https://www.capes.gov.br/images/stories/download/legislacao/PortariaNormativa_17MP.pdf>.

Brasil. Lei de Diretrizes e Bases da Educação Nacional, 9.394, de 20 de Dezembro de 1996. In: <https://www.planalto.gov.br/ccivil_03/Leis/L9394.htm> .

Chisté, Priscila de S.(2016). Pesquisa-Ação em mestrados profissionais: análise de pesquisas de um programa de pós-graduação em ensino de ciências e de matemática. *Ciênc. Educ., Bauru,* 3 (22), 789-808.

Contreras, J. (2002). *A autonomia de professores.* São Paulo: Cortez.

Di Pierro, M., Joia, O. e Ribeiro, M.(2001). Visões da Educação de Jovens e Adultos no Brasil. *Cadernos Cedes, ano XXI,* 55, Disponível em: http://www.scielo.br/pdf/ccedes/v21n55/5541.pdf.

Dos Santos, G. (2009). Diálogo entre família e escola em contexto de diversidade: uma ponte entre expectativas e realidades. Tese doutoral. Departamento de Didática e Organização Educativa. Barcelona: Universidade de Barcelona, Disponível em: http://tdx.cat/handle/10803/1374.

Suanno, M. e Rajadell, N. (orgs) (2012). Didática e formação Continuada para a Diversidade Cultural: perspectivas e desafios. In: *Didática e Formação de Professores; Perspectivas e Inovações.* Goiânia: CEPED Publicações e PUC Goiás, 133-161.

Freire, P. (1996). Pedagogia da Autonomia: saberes necessários à prática educativa. São Paulo: Paz e Terra.

Gómez, A. e Perez, I. (1998). A Aprendizagem Escolar: Da Didática Operatória à Reconstrução da Cultura na Sala de Aula. Compreender e Transformar o Ensino. Tradução Ernani F. da Fonseca Rosa, Artmed, 53-65.

Qualidade do ensino e desenvolvimento profissional docente como intelectual reflexivo (1997). *Revista de Educação Física*, Rio Claro: UNESP, 1 (3), Disponível em: http://www.rc.unesp.br/. Acesso em: 02 julho 2020.

Horikawa, A. (2015). A Formação De Professores: perspectiva hHstórica e Concepções. Form. Doc., Belo Horizonte, 13 (7), 11-30, Disponível em http://formacaodocente.autenticaeditora.com.br

Imbernón, F. (2001). Formação docente e profissional: formar-se para a mudança e a incerteza. São Paulo: Cortez.

Moraes, B., Dourado, D. e Amorim, A.(2017). Mestrado Profissional em Educação de Jovens e Adultos: as contribuições formativas para a melhoria da Educação de Jovens e Adultos na Bahia e no Brasil. G&A, João Pessoa, 1(6), 58-70.

Nóvoa, A. (1999). *Profissão professor.* Portugal: Porto.

Nóvoa, A. (2009). Professores: Imagens do futuro presente. Lisboa: Educa. Disponível: http://www.etepb.com.br/arq_news/2012texto_professores_imagens_do_futuro_presente.pdf

Oliveira, M. (2016). Currículo e culturas juvenis: um estudo de caso sobre as representações sociais dos estudantes da Educação de Jovens e Adultos no município de Conceição da Feira-Ba. Programa de Pós-Graduação Profissional em Educação de Jovens e Adultos, Universidade do Estado da Bahia, Brasil.

Paiva, J. (2011). Inclusão na educação de jovens e adultos. *Debates em Educação Científica e Tecnológica*, 1 (01), 14-23.

Paiva, V. (1987). *Educação popular e educação de adultos.* São Paulo: Loyola.

Sacristán, J. (2000). *O currículo: uma reflexão sobre a prática* (trad. Ernani F. da F. Rosa). Porto Alegre: Artmed.

Soares, L. (2007). A formação inicial do educador de jovens e adultos: um estudo da habilitação de EJA dos cursos de pedagogia. GT: Educação de Pessoas Jovens e Adultas, 18. Disponível em: <http://30reuniao.anped.org.br/posteres/GT18-3659--Int.pdf>.

Tanure, A. (2016). Tecendo saberes e fazeres no currículo da educação de jovens e adultos: estudo sobre representações sociais de profissionais da educação de uma escola polo da cidade de

Feira de Santana. Programa de Pós-Graduação Profissional em Educação de Jovens e Adultos, Universidade do Estado da Bahia, Brasil.

Ventura, J. (2012). A EJA e os desafios da formação docente nas licenciaturas. *Revista da Faeeba*: educação e contemporaneidade, Universidade do Estado da Bahia, 37 (21).

SECCIÓN III

Personas, comunidades y territorios

Entrevista d'avaluació de competències transversals per l'alfabetització de persones adultes

Meritxell Alsina

Oferim amb aquest capítol un instrument que vols ser útil pel desenvolupament de l'aprenentatge de la lectura i l'escriptura amb persones adultes. En primer lloc oferirem una aproximació al marc conceptual que ho fonamenta i posteriorment l'instrument que hem desenvolupat.

Què vol dir aprendre

Aprendre és quelcom més que adquirir el coneixement de quelcom a través del estudi o l'experiència, tal i com recull el diccionari de la RAE[38]. No té sentit parlar d'aprenentatge sinó es fa en relació a les aplicacions que això comporta, és a dir, per a què aprenem, què fem amb aquests aprenentatges, com els transformem.

Besse veu una correlació entre aprendre, construir i apropiar-se. "Aprendre és el procés que succeeix a nivell cognoscitiu en l'individu que rep una informació o és objecte de la transmissió de coneixements [...] l'individu que aprèn, ha de construir, és a dir, desenvolupar el seu pensament a partir d'aquesta informació" (Desmarais, 2006) D'aquesta manera, les persones, a través de la lectura i l'escriptura poden adquirir i transformar coneixements i, alhora, la seva realitat.

Què vol dir ser analfabet/a

De nou, si tornem a consultar el diccionari de la RAE, aquest recull dues definicions d'analfabet: "que no sap llegir ni escriure" i "ignorant, sense cultura, o profà en alguna disciplina". Partint d'aquests significats es fa difícil elaborar una proposta d'intervenció psicopedagògica, doncs dibuixa la realitat d'una manera molt estàtica i radical.

Roberto Ortí, del Institut Cervantes de Tetuán, recull les següents definicions:

---

[38] Real Academia Española.

a) El mètode Sigma (1988) considera que: «[És analfabet qui] havent sortit normalment d'un baix extracte social a més, per ser analfabet, s'automargina de persones o llocs en què es pot evidenciar aquesta manca per la seva forta inseguretat i complex d'inferioritat [...] ».

b) El mètode La paraula (1982) considera que: «[...] una persona és analfabeta quan no té instruments bàsics com: signar o escriure una carta, llegir i comprendre una notícia oral o escrita, resoldre els problemes econòmics quotidians, interpretar un rebut, entendre els signes i codis propis de la vida urbana, posseir un hàbit de lectura, conèixer les bases del cos humà i comprendre els mecanismes fonamentals de la naturalesa i la societat».

c) Villalba Martínez, F. i Hernández García, M.T. (2000, p. 88): «Analfabet és la persona que no sap llegir i escriure, i també la que sabent és incapaç de comprendre i redactar missatges concrets de la seva vida diària».

d) Alison Garton i Cris Patt (1991) expliquen el desenvolupament infantil del llenguatge parlat i escrit des de l'àmbit de la psicologia cognitiva. Conceben l'alfabetització com: «el domini del llenguatge parlat i la lectura i escriptura».

Així doncs, a partir d'aquestes concepcions sobre què significa ser analfabet, podem construir un concepte l'alfabetització més complet. Respecte la definició de la RAE, aquestes definicions posen en valor i dignifiquen més a la persona, doncs eliminen el significat pejoratiu de la paraula, reconeixent un estat socio-emocional de la persona i visibilitzant la responsabilitat social en l'analfabetisme.

Què és l'alfabetització?

El vell paradigma partia de la idea de que l'alfabetització era conèixer les lletres del abecedari i saber utilitzar-les per construir paraules i poder llegir-les. A partir del segle XX, les noves teories apunten a que l'alfabetització és quelcom més, és un procés complex que es desenvolupa i es va perfeccionant al llarg de la vida (Torres, 2003).

La UNESCO va definir l'alfabetització el 1958 com la capacitat d'una persona per llegir i escriure, fent un exercici de comprensió relacionat amb la seva vida

quotidiana. García Fernández amplia aquesta definició de la UNESCO i argumenta que l'alfabetització "Inclou actituds, creences i expectatives respecte l'escriptura i la lectura, i sobre el lloc i el valor d'aquestes activitats en la vida de la persona. D'aquesta manera, l'alfabetització es transforma en un fenomen complex i de múltiples rols [...] l'escriptura, la lectura són formes de construir, interpretar i comunicar significats" (García, 2012).
L'Alfabetització inclou una transformació individual, però alhora social.

> L'alfabetització és un repte social i cultural, així com també cognitiu, que permetrà a les persones [...] participar en diversos grups d'activitats que, d'alguna manera, impliquen llegir i escriure [...] obrir la mirada sobre aquest [el món] i moltes altres activitats i drets que ens fan desvoluparnos com a persones, ser crítiques i conscients respecte a la realitat que ens rodeja i, a partir d'aquí, construir la nostra pròpia història, la nostra societat (García, 2012, p. 36).

Així doncs, l'alfabetització és un procés social que permet la inserció social de les persones per a que siguin capaces de desenvolupar-se en el seu entorn plenament a través de l'expressió, la comunicació, l'aprenentatge i el goig intel·lectual i espiritual (Torres, 2003).

> Alfabetitzar vol dir formar en el nen un pensament propi, la creença de que aquest pot construir la seva pròpia història, el desig de voler transformar la seva realitat, observant-la des d'un pensament crític que no es conformi amb la simple aparença de les coses sinó que busqui anar més enllà" (García, 2012, p. 76).

Una altra idea que ha sorgit en els últims anys és la de les alfabetitzacions múltiples[39]. Les persones ens comuniquem a través de l'escriptura i la lectura de diverses maneres: tenim estils diferents, objectius diversos, etc. existeixen moltes maneres de que les persones estiguin alfabetitzades atès que l'alfabetització

---

[39] Smith, D. (1986). *The Anthropology of Literacy Acquisition.* En: B.B. Schieffelin (ed.), The acquisition of Literacy: Ethnographic Perspectives. Norwood, p. 261-275, NJ: Ablex.

es desenvolupa en una cultura i context determinat, així com es configura partint d'unes relacions socials concretes. En la cultura occidental, per exemple, l'alfabetització està estretament unida al procés d'escolarització, tot i que aquesta comença a donar-se abans d'entrar a l'escola; l'alfabetització pot començar a l'escola bressol, a la família, etc. (García, 2012).

Característiques del procés d'alfabetització

L'aprenentatge a la vida adulta, no comporta exclusivament un desenvolupament intel·lectual, sinó que afavoreix el desenvolupament de la persona i del seu entorn. Així doncs, l'aprenentatge repercuteix en la comunitat d'una manera positiva.

Pensant l'educació des d'una perspectiva comunitària, sense reduir-se a les minories amb més capacitat d'influència, ens apropem a un desenvolupament de l'entorn social, cohesionat i igualitari, amb capacitat de raonar alternatives favorables per al conjunt de la població.

Al mateix temps, l'educació ha de causar un impacte sobre la persona, ha de suposar un desafiament per aquesta, li ha de fer pensar, reflexionar.

Partim de la classificació de Iovanovich y Bautista (2009) per definir les característiques del procés d'alfabetització des de la mirada de l'alfabetització popular o comunitària.

El punt de partida del procés d'alfabetització és la realitat viscuda per qui aprèn

En primer lloc, qui comença un procés d'alfabetització a l'edat adulta no vol dir que no tingui cap mena de coneixement previ. Cal partir de la base de coneixements de l'educand. Transmetre la confiança a les possibilitats d'aprendre de la persona és clau per l'èxit del procés. A més, fer aquest exercici previ, ajudarà a millorar l'autoestima d'una persona que es creu totalment analfabeta. Per poder educar a una persona, cal analitzar-la d'una manera holística. No es poden deixar de banda els factors socials, familiars, econòmics, espirituals que l'acompanyen. Aquesta perspectiva ens ajudarà a empoderar a la persona i alhora a fer-la sentir protagonista de la seva vida i de la seva educació.

"La imatge que l'aprenent té de si mateix i la valoració que fa de les seves capacitats forma part del procés educatiu com a element regulador. En el cas de les persones adultes, la manca de confiança en sí mateix pot dificultar l'aprenentatge i fins i tot bloquejar-lo. En la pràctica educativa trobem persones amb fortes resistències molt interioritzades, algunes de les quals no arriben a vèncer el límit que aquestes els imposen respecte d'alguns continguts. Malgrat tot, continuem apreciant l'espai educatiu perquè proporciona altres elements positius com el d'acollida, socialització o desenvolupament de capacitats de difícil accés en el seu entorn quotidià. Això provoca una relació de tensió entre una forta motivació i la sensació de no arribar a port" (Marzo, 2012).

En segon lloc, mitjançant el procés d'alfabetització s'han d'assolir tres reptes:

- El desenvolupament de les seves capacitats, experiències, habilitats, coneixements, etc. per fer front a la vida i les seves condicions personals i socials.
- La seva participació activa en tot el procés d'alfabetització
- L'ús dels coneixements per fer una reflexió crítica sobre el món, la societat que l'envolta i la seva situació personal.

Així doncs, és necessari indagar en la situació personal de la persona per a conèixer la seva realitat i el context que l'envolta. D'aquesta manera, l'educador/a podrà acostar-s'hi i ajustar els aprenentatges a les seves necessitats. Pel que fa a l'avaluació, s'ha constatat que la inseguretat és un tret comú en moltes persones que estan aprenent; per tant, és important saber valorar els progressos realitzats en cada cas.

"Les paraules amb les que s'organitza el programa d'alfabetització han de ser escollides del vocabulari universal dels grups populars expressant el seu llenguatge real, els seus anhels, les seves inquietuds, les seves reivindicacions i els seus somnis. Han d'estar carregades del significat de la seva experiència existencial i no de l'experiència de l'educador" (Freire, 1984).

El diàleg és el procés a través del qual es construeix el coneixement

El coneixement a través del diàleg ens permet modificar la pràctica i explorar noves maneres de treballar.

Per facilitar el procés d'aprenentatge de les persones i que tinguin continuïtat, els ajuda a trobar-se amb un espai acollidor, conciliador i relaxat i sobretot a fer-les sentir bé tal i com són, respectant la seva cultura i maneres de fer. L'educació és una eina clau per a que aquesta persona pugui ser lliure.

L'alfabetització repercuteix sobre la consciència crítica de qui aprèn

El procés d'alfabetització estimula a les persones que estan aprenent a reflexionar sobre tot allò que els envolta, a tornar a veure amb un altres ulls allò que ja coneixien i trobar-hi nous significats. Així, l'alfabetització crea consciència crítica. A més, en l'aprenentatge de persones adultes, cal recordar que aquelles capacitats relacionades amb els processos biològics de maduració mental disminueixen, mentre que aquelles que estan relacionades amb els aprenentatges de la vida quotidiana s'incrementen (Formariz, et all, 2011). Per tant, cal reforçar l'estimulació d'aquesta experiència.

L'alfabetització és una experiència que posa en valor el bé col·lectiu

A través de l'alfabetització s'empodera a les persones a nivell individual, però alhora intenta promoure la seva consciència col·lectiva.

"La concepció de l'alfabetització que pretén augmentar la capacitat d'intervenció de les persones en el món en que viuen per transformar-lo, serveix als que són exclosos dels beneficis de la modernitat per aquestes mateixes regles socials defensades pels que es beneficien d'aquestes" (Iovanovich y Bautista, 2009).

Freire argumentava com no hi ha cap educació que sigui neutra políticament. O bé aquesta és transformadora i serveix a la classe opressora per alliberar-se de les injustícies, o bé serà adaptadora, perpetuant aquestes injustícies.

Altres factors que incideixen en el procés d'alfabetització
El gènere

Cal una perspectiva de gènere que s'apliqui de manera transversal a la formació d'adults. És necessari entendre les necessitats específiques de les dones i atendre aquelles qüestions específiques que puguin entrar en conflicte amb les desigualtats de gènere. Per exemple, la precarització i la desigualtat de gènere formen part de les diferents etapes laborals de les dones i es manifesta de diferents formes, tal i com apunten sempre els diferents informes de l'Observatori de la igualtat de gènere de l'institut Català de les Dones. I això és vital tenir-ho present en la seva formació.

Cal partir sempre de les seves experiències viscudes i de la realitat de l'alumnat, però no podem obviar una educació lliure de masclisme. Els espais de formació han de ser espais de reflexió del món que ens envolta i espais de bones pràctiques on s'empoderi a l'alumnat per construir una societat que lluiti pels drets humans a través del diàleg.

La diversitat cultural

Per al procés d'alfabetització amb persones d'origen immigrant cal partir de la seva cultura de base i els coneixements que tenen a la seva pròpia cultura. Alhora, cal tenir molt en compte, que l'entorn social en el que es troba immersa aquesta persona probablement serà molt diferent en el que vivia en el seu país d'origen. Un altre aspecte a tenir en compte és la possible urgència que pot tenir aquesta persona és la rapidesa en l'aprenentatge per poder accedir a un lloc de treball.

Cal tenir en compte que per la dona que immigra, el xoc cultural és sovint força més gran que per l'home, normalment degut a que l'entorn de relacions és més limitat (Marzo, 1996).

Àngel Marzo (1996) recull una sèrie de principis per una educació bàsica pels immigrants:

- Els coneixements que s'ensenyen han de tenir una utilitat, han de ser pràctics per la vida diària de les persones.
- Cal tendir ponts entre les diferents cultures, esdevenir propers.
- Promoure la participació i el diàleg entre els i les educands.
- El punt d'inici sempre ha de ser la realitat quotidiana dels i les educands.
- Cal promoure també la participació i poder d'elecció de l'alumnat en els continguts, activitats, sistema d'avaluació, etc.

El rol del/ de la mestre/a o l'orientador/a

A partir del segle XX es va començar a qüestionar la centralitat de la figura del mestre o mestra. Això no vol dir que hagi perdut valor, simplement, situa a l'educand en el centre de l'acció i el/la docent articula i modera el treball a l'aula, fa el seguiment del procés d'ensenyament, etc.

Alhora, les relacions entre els educadors/es i els/les educands han de ser igualitàries. Cal que aquests es situïn en un mateix nivell i col·laborin per l'adquisició d'uns coneixements, actituds, normes, etc. No es pot educar creant una relació de dependència, eduquem per a que les persones siguin lliures.

"L'educació es desenvolupa en el triangle educand – educador – medi social (Freire, 1989). Cobra sentit en el moment que mobilitza aquells aspectes de la persona que permeten transformar la realitat, assolir una emancipació respecte de lligams personals o socials. L'educació porta elements que incideixen en el medi i permeten la recreació d'espais que milloren les condicions de vida de la persona" (Marzo, 2012).

Les expectatives que els educadors/es tenen sobre les persones a les que ensenyen tenen una repercussió sobre l'aprenentatge real d'aquestes. Així doncs, unes expectatives positives tenen un efecte beneficiós ja que potencien l'aprenentatge. Cal veure sempre als educands amb capacitat per a desenvolupar-se plenament:

"Les persones són úniques, compten amb un bagatge experiencial únic.

- Les característiques de desenvolupament de les persones cal revisar-les i valorar-les, ja que evolucionen al llarg de la vida.
- Cal tenir en compte el conjunt de factors personals i de relacions (Morin, 2000).
- La dimensió antropològica i cultural marca l'orientació i el desenvolupament del seu itinerari (San Roman, 1994).
- Cal veure a la persona com a un subjecte emmarcat en un context socio-històric que afavoreix o alenteix els seus processos de desenvolupament personal (Freire, 1988)" (Marzo, 2012).

També, cal parar atenció i no confondre el desenvolupament de les capacitats intel·lectuals amb les normes socials establertes per la cultura majoritària.

Finalitats de l'educació de les persones adultes

L'educació de les persones adultes va més enllà de ser un espai de difusió o de consum cultural, l'educació busca construir relacions, entendre la diversitat, unir les diferents cultures que conviuen en un mateix entorn, adquirir coneixements socials, ambientals i sanitaris, importants per aconseguir un desenvolupament integral i equilibrat.

> L'acte educatiu no cerca el desenvolupament en aquest nivell de maduració general, sinó el de capacitats específiques. Per exemple, no té massa sentit dir que una persona adulta, encara que sigui analfabeta, no sap parlar bé quan en la seva vida quotidiana, en el seu treball, es relaciona a través del llenguatge oral amb perfecte normalitat. Serà més apropiat dir que no coneix algunes normes lingüístiques o que hauria de desenvolupar la seva competència lingüística en altres contextos que també són importants pel seu ple desenvolupament (Marzo, 2012, p.88).

Metodologia

La metodologia d'aquesta proposta d'avaluació psicopedagògica es basa en el model per competències. Treballar segons aquest model permet que les persones recuperin els seus propis recursos i puguin transferir-los i posar-los en pràctica. Les competències són, doncs, una construcció particular d'aprenentatges amb alguns trets característics (Colomer, 2010):

- Les competències es desenvolupen al fil dels aprenentatges formatius, professionals i extra professionals, configurats com a experiències úniques, particulars de cada persona.
- Tenen un caràcter dinàmic, evolucionen amb la pròpia experiència en un "bucle" que integra l'experiència, la reflexió i la construcció de nous aprenentatges, i que es retroalimenta de manera sistemàtica.
- Poden ser, per tant, adquirides i desenvolupades al llarg de la vida i des de diferents àmbits: professional, educatius, personal.
- Operen com un tot indivisible.

Hi ha diversos sistemes de classificació de competències. En aquest treball es pren com a referència el model elaborat per l'ISFOL[40].

Segons el model de l'ISFOL, el conjunt de competències s'organitza en tres grans blocs:

- Competències tècnico-professionals: Són les competències que fan referència a aquells coneixements i tècniques que s'aprenen i es desenvolupen en relació a una activitat laboral específica. Per exemple, en el cas d'un/a professional del món de l'estètica saber aplicar diverses tècniques de maquillatge facial.
- Competències de base: Són les competències que generalment s'aprenen a l'escola, concretament a l'etapa obligatòria. Per exemple: coneixement i aplicació de la llengua castellana i catalana, càlcul funcional, etc.
- Competències transversals: Són les competències que posem en joc en qualsevol situació de la nostra vida quotidiana. Per exemple, planificació i organització del treball o el treball en equip.

Aquestes es divideixen en altres subcategories. En aquest treball ens centrarem en l'anàlisi i desenvolupament de les competències transversals.

Les competències transversals es classifiquen en:

Competències transversals		
Competències d'identificació	Competències de relació	Competències d'afrontament
Permeten identificar i analitzar les pròpies capacitats: • Autoconeixement • Disposició a l'aprenentatge • Situar-se en el context	Permeten la comunicació entre les persones establint relacions amb altres des del respecte, la confiança, la cooperació, la coordinació, el diàleg, etc.: • Comunicació • Relació interpersonal	Permeten situar-se davant de situacions diverses (habituals, noves, conflictives, etc.) buscant estratègies i mecanismes per resoldre-les de la millor manera possible: • Responsabilitat • Adaptabilitat • Organització de la pròpia feina

---

[40] Istituto per lo Sviluppo della Formazione Professionale dei Lavoratori, model que va ser adaptat i desenvolupat per la Fundació Surt, Associació de Dones per la Inserció Laboral.

Font: Adaptació de mapalaboral.org

Les competències transversals que reforcen el procés d'aprenentatge amb alumnes d'alfabetització inicial amb persones grans són les següents[41]:

Competències transversals observades que reforcen l'aprenentatge		
Competències d'identificació	Competències de relació	Competències d'afrontament
• Autoconeixement • Disposició a l'aprenentatge	• Comunicació • Relació interpersonal	• Responsabilitat • Adaptabilitat • Gestió de les emocions

Font: Elaboració pròpia a partir de les lectures de Colomer (2010).

Competències d'identificació

L'autoconeixement ajuda en l'elaboració d'estratègies per l'aprenentatge.
La disposició a l'aprenentatge afavoreix la motivació individual i del grup.

Competències de relació

La comunicació i sobretot l'assertivitat ajuden a construir un bon ambient per reflexionar, per expressar-se i compartir opinions diverses.
Les relacions socials combaten la soledat i l'aïllament social. Ampliar la xarxa social augmenta l'autoestima de les persones. El fet de que l'alumnat creï vincles entre aquest combat l'absentisme.
Les alumnes del curs d'alfabetització inicial de Canyelles queden 20 minuts abans de que comenci la classe per prendre cafè, sovint porten dolços per compartir. Xerren dels esdeveniments de la seva vida quotidiana, debaten de l'actualitat, comparteixen inquietuds, etc.

---

[41] Aquestes competències han estat escollides d'acord a l'observació feta durant el període de pràctiques (novembre 2018 – abril 2019) al Centre de Formació d'Adults de Canyelles.

Competències d'afrontament

La gestió de les emocions cal reforçar-la doncs ajuda a pujar l'autoestima, en la resolució de conflictes, etc. També pot ser útil ajudar a crear estratègies per afrontar el neguit o l'ansietat que pot tenir un mateix durant el procés d'aprenentatge.

Algunes alumnes del curs d'alfabetització inicial de Canyelles experimenten cert nerviosisme quan la mestra els hi fa llegir en veu alta.

L'adaptabilitat també és necessària treballar-la ja que entre l'alumnat pot haver-hi persones de diferents procedències. A més, l'alumnat amb una edat més avançada ve amb una idea de sistema educatiu molt rígid que cal anar adaptant a poc a poc.

Entre les alumnes del curs d'alfabetització, hi ha algunes que han nascut en altres parts del món, sobretot al principi, quan no coneixen a la persona els hi costa tenir relació com amb la resta de companyes.

Disseny de l'eina d'avaluació

L'eina d'avaluació de les competències transversals parteix d'un format d'entrevista semiestructurada.

Les preguntes de l'entrevista estan organitzades en quatre blocs:

- Dades de l'alumnat
- Dimensió formativa: Experiències d'alfabetització prèvies
- Dimensió social: Entorn i xarxa social de la persona
- Dimensió personal: Gestió de les emocions

Cada dimensió té una proposta de preguntes, tot i que cal evitar que es converteixi en quelcom rígid. Cal ser flexible ja que la voluntat d'aquesta entrevista és aconseguir mantenir una conversa natural, crear un ambient distès i relaxat que propici la confiança de la persona en el psicopedagog/a.

A través d'aquesta eina es farà l'avaluació de necessitats de l'alumnat que comença en el centre en quant a les competències que cal reforçar per afrontar un procés d'aprenentatge enriquidor.

Així doncs és una eina que es farà prèviament abans de començar la formació, tot i que es contempla poder usar-la en aquell alumnat que s'incorpori a meitat del curs.

La duració estimada de l'entrevista serà de 45 minuts a 1 hora aproximadament.

Fitxa 1. Entrevista individual per la detecció de necessitats de l'alumnat d'alfabetització

Dades de l'alumnat

Nom alumne/a:

____

Adreça:

____

Telèfon:

____

Data de naixement:

____

- Com ha conegut el centre?

Dimensió formativa: Experiències d'alfabetització prèvies

- Va anar a l'escola?
- Sap escriure el seu nom? Com el va aprendre?
- Escriu alguna paraula en el seu dia a dia? Quan l'escriu? I números?
- Hi ha alguna persona del seu entorn que l'ajudi a escriure de tant en tant?
- És capaç de llegir frases curtes?

Dimensió social: Entorn i xarxa social de la persona

A través d'aquesta dimensió, s'identificarà el nivell que té de competències de relació.

Comunicació

- Mostrar uns vídeos de persones conversant[42]: Què li semblen? Quina persona creu que comunica d'una manera millor? Per què?

---

[42] Veure Annex "Vídeos comunicació assertiva".

- Explicar una situació conflictiva[43]. Com ho resoldria? O què li diria a l'altra persona?

Relació interpersonal

- Amb qui viu?
- Té família? Amb quina freqüència es veuen?
- Quines aficions té?
- Quines activitats fa en el seu dia a dia? (des de que es lleva fins que es va a dormir).
- Fa alguna activitat diferent el cap de setmana?
- Comparteix amb algú algunes d'aquestes activitats? Amb qui? Amb qui s'hi troba més a gust realitzant-les? Per què?

Dimensió personal: Gestió de les emocions

A través d'aquesta dimensió, s'identificarà el nivell que té de competències d'identificació i d'afrontament.

Competències d'identificació

- Quina ha estat la seva motivació per venir?
- Per què vol aprendre a llegir i escriure?

Competències d'afrontament

- Quins sentiments experimenta davant l'alfabetització? Mostrar fotografies de persones aprenent[44]: Llegint en veu alta, escrivint, pensant, etc.
- Quines coses li fan enfadar en el dia a dia? Com aconsegueix que se li passi el neguit?
- Quines coses li posen nerviós/a o li fan por en el dia a dia? Per què?
- Expliqui'm una situació difícil per la que hagi passat i vulgui compartir. Com la va gestionar? Li va ajudar algú, o va fer ella sola, com ho va viure, etc.

---

[43] Veure Annex "Exemples situacions conflictives".
[44] Veure Annex "Fotografies del procés aprenentatge".

Es recolliran les necessitats individuals a través de la següent taula:

Avaluació de les competències transversals que reforcen l'aprenentatge	
Competències d'identificació	• Autoconeixement • Disposició a l'aprenentatge
Competències de relació	• Comunicació • Relació interpersonal
Competències d'afrontament	• Responsabilitat • Adaptabilitat • Gestió de les emocions

L'avaluació

L'avaluació es farà a través d'una tutoria a final de curs. Després de comentar els resultats aconseguits al llarg del curs es passarà a comentar el seu nivell competencial en les competències d'identificació, de relació i d'afrontament.

Aquest informe serà de gran utilitzat, doncs es tindrà un punt de partida pel curs vinent.

Com s'ha sentit al llarg del curs?

1	2	3	4	5

S'han complert les seves expectatives respecte el que esperava?

1	2	3	4	5

Quines coses ha après?

____

____

____

Quina ha estat la seva motivació per venir?

Aprendre	Professor/a	Companys/es	Per distreure'm	Altres

Si ha triat "altres", especifiqui: ____

Ha tingut algun conflicte amb algun company/a? Com l'ha solucionat? En el cas de que no n'hagi tingut, podria explicar-me algun conflicte que hagi presenciat a l'aula? Com ho va viure?

Sí, he tingut algun o alguns conflictes	No, però algun company/a sí	No hi ha hagut cap conflicte al llarg del curs

Es va solucionar el conflicte
El vam solucionar, però continuo amb rancor
No es va solucionar

Explicar com ho ha viscut la persona:

____

Quines coses milloraria?

____

____

____

Annex

Materials per la entrevista

Dimensió social. Comunicació

Situació comunicativa: Vídeos comunicació assertiva.
https://www.youtube.com/watch?v=OnLyn2HPLic
https://www.youtube.com/watch?v=u5651tdwyXo

Situació conflictiva: Exemples i vídeos per a treballar situacions conflictives
https://www.youtube.com/watch?v=BeDqPfl2oOM
https://www.youtube.com/watch?v=4_6Cp043qQg

Dimensió personal. Competències d'afrontament

Fotografies del procés aprenentatge

Fotografia 1: Dona llegint

Font: Creative Commons de Flirck.

Autor: Cytonn Photography.

Referencias

Colomer, M. (2010). Tècniques d'anàlisi de competències professionals I, Projecte professional. Disponible a: https://preproduccio.oficinadetreball.gencat.cat/socweb/export/sites/default/socweb_es/ciutadans/_fitxers/Proces2010_Material_analisi1.pdf

Desmarais, D. (2006). Alfabetización popular con jóvenes y adultos con problemas para la escritura. *Revista Decisió,* p. 11-15. Disponible a: https://cdn.crefal.org/CREFAL/revistas-decisio/decisio13_saber2.pdf

Diccionari de la Real Acadèmia Espanyola. Disponible en: http://www.rae.es/

Formariz, A. (coord.) et all (2011). Carta a qui ha d'ensenyar persones adultes i joves. Col·lecció Educació i Comunitat, 1. Institut de Ciències de l'Educació. Universitat de Barcelona, Secció Educació i Comunitat. Disponible a: http://diposit.ub.edu/dspace/bitstream/2445/21263/10/EC1.pdf

Freire, P. (1984). El mundo y la letra. Una lectura crítica del entorno. *Revista El Correo de la Unesco,* p 29-31.

García Fernández, J. (2012): Alfabetització. Disponible a: https://www.clubensayos.com/Temas-Variados/AlfabetizacionMonografia/407231.html

UNESCO, (2016). Informe de seguimiento de la educación en el mundo La educación al Servicio de los pueblos y el planeta: Creación de futuros sostenibles para todos. Disponible en: https://unesdoc.unesco.org/ark:/48223/pf0000248526.

Iovanovich, M., y Bautista, O. (2009). El universo vocabular en el proceso de alfabetizacion entre adultos. *Revista Iberoamericana de educación* (OEI). Disponible en: https://www.oei.es/historico/alfabetizacion_salalectura4.htm

Marzo, A. (2012). Aprenentatge a l'edat adulta: identitats i comunicació, competències i entorn social. Universitat de Barcelona. Disponible a: http://hdl.handle.net/10803/123854

Ortí, R. (2003). Programación de cursos para la alfabetización de adultos: Reflexión a partir de una propuesta concreta. Encuentro «La enseñanza del español a inmigrantes» Instituto Cervantes. Disponible a: https://cvc.cervantes.es/ensenanza/biblioteca_ele/inmigracion/encuentro/alfabetizacion/orti.htm

Torres, R. (2003). Luego de la alfabetizacion, ¿la post-alfabetizacion? Problemas conceptuales y operatives. Disponible en: http://www.eoi.es/alfabetizacion/Postalfabetizacion.pdf

Educación e identidad. Trayecto vital y formación en la comunidad gitana adulta

Àngel Marzo y Jessica Cabezas

En el caso de la comunidad gitana, la familia juega un importante rol en su vida cotidiana, forma parte de su identidad y articula las relaciones sociales. En ella se desarrollan procesos de educación imprencindibles para la persona que configuran una manera de enfrentarse a los retos que se presentan en el trayecto vital. Si planteamos procesos de inclusión de la comunidad gitana, la educación es un elemento clave para el desarrollo personal y social que permite disponer de recursos imprescindibles (García, 2007).

Otra característica del pueblo gitano es que, a diferencia de otros grupos que emigran, han preferido viajar acompañados de su familia y así fortalecer su red de apoyo del lugar al que se dirigen. Esto propicia el mantenimiento de tradiciones y cultura y, a su vez, se convierten en ciudadanos de los lugares donde viajan, sin perder las raíces que les conectan con sus orígenes. Nos apoyamos en la definición que Lombera (1996) aporta sobre ciudadanía, como aquella práctica de los ciudadanos que entraña el ejercicio pleno de sus derechos.

Aun así, la realidad se evidencia plural, pues no responde a intereses únicos, sino a distintos contrapuestos de diferentes organizaciones (Pintos, 2005). De acuerdo con Randazzo (2012) es necesario dar respuesta a las lógicas del orden de lo real que legitiman, deslegitiman y transforman lo social, y que influyen en la conformación de lo real (Braña, 2015).

En variadas ocasiones cuando se habla del Pueblo Gitano, el discurso se concentra en el tratamiento de los mismos desde una sociedad tradicional, donde el nomadismo ha sido el principio que guía el modelo tanto pasado como presente. En la actualidad no todos los gitanos son nómadas, pero su faceta itinerante continúa siendo una de las principales características que los distinguen de los sedentarios, ya sea en la realidad o en el campo de lo imaginario (Berthier, 1979). Según Pintos (2014) los individuos aislados poseen escasas probabilidades de recibir respuestas a sus propuestas, ya sea por su posición respecto al entorno del sistema o por la situación familiar y socio educativa en que se encuentra.

Las comundades gitanas se caracterizan por la integración de diversos elementos como la idea de propiedad, migración transnacional, identidad que nos hacen comprender el sentido de diversos procesos de integración social, además de adentrarnos en la investigación de sus necesidades y respuesta a sus dificultades de inserción en la cultura.

Origen

El colectivo gitano, en su conjunto, ha padecido y padece procesos de persecución y exclusión social. Debido a esto en muchas ocasiones se los sitúa en espacios periféricos de la sociedad, además de estigmatizar su cultura con razonamientos imprecisos y poco acertados. Esto hace que desarrollen estrategias de supervivencia como forma de mejorar su calidad de vida (Borrow, 1979; Leblon, 1987; Revest, 1964).

Las investigaciones sitúan a los antepasados del pueblo gitano aproximadamente en el siglo IX en la región India del Punjab, donde emprendieron una peregrinación hacia el oeste durante cientos de años (Unión Romaní, 2016). A la actualidad los motivos de aquella huida son aún algo inciertos, se cree a causa de diversas invasiones islámicas que devastaban el lugar en aquella época, los gitanos se vieron obligados a peregrinar para evitar conflictos.

Los gitanos históricamente han viajado con sus familiares; es la familia la que constituye la base y el punto de salida de las relaciones endógenas. A su vez es lo que la diferencia del impulso del resto de inmigrantes. En otras palabras, la persona migrante en la situación postmigratoria ha ido luchando contra una movilidad social descendiente, ofreciendo por otro lado en el país de origen apoyo económico a sus familiares y aumentando su posicionamiento social (García, 2007).

Sea como fuere un rasgo del pueblo gitano es el carácter errante y el hecho de estar insertos en procesos de exclusión social que los han acompañado durante muchísimo tiempo.

Educación e identidad

La identidad y su relación con la educación es un tema actual y a la vez conflictivo. El entorno globalizado en el que nos encontramos parece que tiene que dar nuevas posibilidades de visibilizar de la diversidad de la sociedad, las maneras de vivir, de pensar, de resolver los problemas, de organizarse en el núcleo cercano. Pero para que esto pueda suceder todas las personas y grupos sociales tendrían que tener unos recursos en igualdad de condiciones. Y nos encontramos con que el reparto de estos no solo es desigual, sino que favorece de forma enormemente desequilibrada los grupos sociales más influyentes.

A los grupos minoritarios con menos recursos solo les queda la opción de restringir su actividad a ámbitos marginales. La tecnología, los avances en los sistemas de comunicación no resuelven problemáticas como la identidad que forma parte de lo más íntimo y profundo de las personas y los grupos sociales.

La comunidad gitana, como han destacado investigadores como han destacado diversos investigadores (Leblond,1997; San Roman, 1994, Liegeois,1988) aprecia el valor de la propia identidad y mantiene algunos rasgos de identidad que perviven a lo largo de la historia incluso en sociedades que les han sido muy adversas. La educación impacta de forma directa en la conformación y el modelaje de los contenidos que consolidan la identidad. Se espera que la educación, especialmente la educación formal, sea útil para el desempeño profesional, para la salud, para la consolidación de hábitos sociales, para la técnica, para la expresión y muchos otros aspectos nucleares de la vida. Pero la manera como la escuela presenta todos estos temas y como los conciben una buena parte de los miembros de comunidad gitana es muy distante (Fernández Enguita, 1999).

La trayectoria de las últimas décadas parece que empuja irremediablemente a la aculturación de los grupos minoritarios y la asimilación por parte cultura que impone unos rasgos culturales preponderantes.

Las tendencias que propugnan la prevalencia de unos cánones culturales homogeneizadores se imponen como única alternativa. La institución educativa tiende a tomar como referencia unos referentes culturales estables y que perpetúan los sistemas dominantes (Fernández Enguita, 1999). Incluso dentro de un grupo cultural más homogéneo. Desde esta perspectiva la institución tiene la tentación de trabajar como si la cultura fuera un conjunto estable, inamovible, constante. Pero las culturas son dinámicas evolucionan, se producen mestizajes, se adaptan a nuevas realidades.

La educación tiene dos opciones jugar la carta de la cultura predominante y entonces se convierte en un sistema reproductor y excluyente, o intentar incorporar rasgos, hábitos perspectivas de diferentes entornos culturales es el dilema entre una educación orientadora o emancipadora que plantea Ettore Gelpi (2005). La educación desde una perspectiva como la propuesta por Paulo Freire (2006) no es un proceso de transmisión, de traspaso casi mercantil de productos culturales. Solo un cambio de perspectiva como la que como propone Paulo Freire, es un espacio de recreación de conocimientos, de saberes compartidos, de elaboración crítica y productiva para todas las personas.

El presente capítulo analizara los elementos que consideramos prioritarios para practicar una educación que suponga un proceso de reelaboración de la propia identidad y simultáneamente de desarrollo de la comunidad desde la perspectiva cultural, económica y social. Partiremos de diversas experiencias e investigaciones desarrolladas een las últimas décadas (Marzo, 1991; Fundació SER.Gi, 1990; Marzo, 2006; Méndez, 2005, Essomba, 2019).

La situación de la población gitana joven y adulta respecto a la formación

En las últimas décadas la transformación de la población gitana es un hecho contrastado. Se ha producido cambios al compás de las trasformaciones que se han dado en la sociedad en general. pero perviven situaciones de exclusión. Aunque hablamos de una minoría muy importante en el conjunto del Estado Español, unas 600.000 personas (FSG, 2019), su presencia social es poco relevante. Ha habido un incremento de iniciativas en el campo del asociacionismo, la participación social, las iniciativas educativas y culturales, pero no se ha conseguido una equiparación don la media de la población general persistiendo graves problemas sociales, de ocupación, salud, o de educación.

El informe de la Fundación Secretariado Gitano (2019) presenta datos sobre la ocupación de la población gitana, así el 27,20 % de gitanas y gitanos entre 16 y 64 años està ocupada mientras que en la sociedad general de la ocupación es del 50,14%. En esta misma franja de edad el 3% de las personas de la comunidad gitana está estudiando mientras que en el resto el porcentaje es del l1, 61. El mismo estudia indica que el 30% de los gitanos tiene estudios de la ESO o superiores. Un dato que significa un incremento notable respecto a la situación de décadas anteriores, pero en el conjunto de la población este dato asciende al

95%. Explica esta distancia el hecho de que el abandono escolar temprano entre adolescentes y jóvenes de la comunidad gitana sea del 63,7%.

Como han señalado diversos estudios (Fernández Enguita, 1999; Alert, Marzo y Rodríguez, 1999, Méndez.2005) en una parte importante de la población gitana pervive un cierto distanciamiento hacia la escuela porque entiende que no da respuesta a sus problemas más acuciantes. Lo que la escuela les aporta no es realmente sustancial, imprescindible para enfrentarse a los retos de la vida cotidiana. Al mismo tiempo la escuela también favorece criterios y posiciones que van en contra de lo que ellos para ellos forma parte de su identidad. A pesar del acercamiento que se ha producido en los últimos años sigue habiendo un recelo latente y cuando se ha dado una aproximación se produce en algunos casos una desafección hacia la institución escolar. Esto no solo se da respecto a la educación en el ámbito laboral, el trabajo autónomo es del 30 % (no asalariado) mientras que en la población en general el índice es del 20 % y ello tambien nos indica que se prefiere un trabajo organizado con los criterios propios de la comunidad.

El problema de la formación de jóvenes, mujeres y hombres gitanos es la gran distancia entre el quehacer cotidiano de esta minoría cultural y la del conjunto de la sociedad. Cabe destacar el estudio de Teresa San Román (1994) en el libro *La diferencia inquietante* en el que ofrece una aproximación antropológica y describe las estrategias con las que el colectivo gitano se enfrenta a las diferentes coyunturas sociales. Isabel Jiménez (2014) apuntaba que el interés de jóvenes y adultos se incrementaba si estaba orientado a la dinámica de incorporación al trabajo por cuenta ajena.

¿Puede la educación dar una salida a este dilema entre pervivencia de la identidad propia o la asimilación a la cultura mayoritaria? La acción educativa puede y debe afrontar este dilema, pero teniendo en cuenta que las expectativas de futuro, el entorno, y el grupo familiar marcan el futuro vital de los chicos y las chicas. *La escuela sola no puede invertir ni compensar del todo las realidades socioeconómicas; su influencia es pequeña* (Girona, 2018).

Además, si la educación pretende contribuir a la dignificación de la vida de los gitanos y gitanas y la participación en una sociedad que haga posible su inclusión la educación este se debe acompañar de una transformación más amplia que incluya vivienda, salud, trabajo (San Román, 1984). En este sentido como destaca Camen Méndez (2005) cabe señalar que las mujeres gitanas mayoritariamente *subrayan la importancia de la formación en la sociedad actual, la importancia de la familia para elles y el necesario apoyo en su proceso personal, la importancia de sentirse gitanas aun siendo un concepto de difícil definición e incluso abstracto a veces, la importancia de su papel como referentes en su comunidad y la importancia de los cambios generacionales, junto con la necesidad de ubicarse en el momento, y la importancia en el desarrollo de un feminismo gitanos desde la negociación, desde una "revolución tranquila"*

Entendemos, por lo tanto, que la acción educativa además de un conjunto de recursos técnicos estandarizados (métodos, útiles, protocolos o estrategias) debe estar conectada a una acción transformadora más global, debe formar parte de este impulso de cambios sustantivos para las personas y su entorno cercano (Kirlwood, G. y Kirlwood, C., 2007).

Durante las últimas décadas se ha llevado a cabo iniciativas educativas con jóvenes y adultos gitanos. En barrios de grandes ciudades, pueblos más pequeños, hombres y mujeres gitanos han participado en experiencias educativas. Destacables son las experiencias protagonizadas por mujeres gitanas para el desarrollo de la comunidad y también la sociedad en general. Reunir los resultados de todo este capital y experiencia sería muy útil para nuestro aprendizaje colectivo. Tenemos un bagaje pedagógico nada despreciable pero poco aprovechado. A menudo las nuevas iniciativas se empiezan como si no hubieran existido las anteriores. Y es necesario contar con estas experiencias como punto de arranque.[45]

La formación de jóvenes y adultos gitanos puede contribuir a salvar la brecha que se produce entre buna buena parte de los grupos de gitanos y la sociedad mayoritaria. A partir de ellas hay que encontrar el lugar apropiado que tiene la formación de jóvenes y adultos en un proyecto de relación intercultural armónica y productiva para todos. És necesario apoyar todos los niveles de formación, pero especialmente de un sector muy importante de la población gitana que

---

[45] Un foro dónde encontrar algunas de estas experiencias y propuestas son la Jornadas de Enseñantes con Gitanos que se realizan anualmente durante el mes de septiembre desde 1979 en diferentes localidades. La Revista de la Asociación de Enseñantes con gitanos recoge algunas de las comunicaciones, propuestas e investigaciones. https://www.aecgit.org/publicaciones/revistas.html

tiene bajo nivel académico o muy elemental. Sabemos que la ausencia de cierto nivel académico no excluye el desarrollo de competencias en muchos campos de la vida cotidiana, pero es necesario en una a sociedad compleja y en al que se producen cambios de forma muy rápida. Solo con un dominio de instrumentos básicos se va a poder salir de la imagen estereotipada que ofrecen a menudo las redes o los medios de comunicación Es necesario que la acción educativa incorpore una oferta útil y en consonancia con las opciones de la propia identidad. Esto supone ir más allá de unos cambios superficiales y formular propuestas comprometidas con la diversidad de la comunidad gitana.

Se plantea, así, un primer problema que tiene que ver con la comunicación. No un problema terminológico sino de referentes, de significados, del sentido que tiene para las personas los productos culturales y las formas de organizar la sociedad. Y también una segunda problemática, es el valor que se atribuye a la educación y qué se espera de ella

Para algunos grupos sociales hay una verdadera tensión entre lo que la escuela ofrece y el modelo que se desprende de la identidad del propio grupo social. Los elementos que son claves son externos a la escuela, y esta solo se acerca a ellos de tangencial. En algunos casos se plantea que la educación debe ser neutra y no posicionarse respecto a las opciones de identidad i de referencia cultural. Pero la escuela trabaja permanentemente con productos culturales que cada grupo percibe y elabora de forma diferente.

A menudo se plantea que la escuela es la institución que debe hacer posible la igualdad. Pero la escuela tiene un verdadero problema para conjugar esta igualdad con la atención a la diversidad. Incluso el modelo de escuela pública que profesa los valores de la escuela para todos, basada en la igualdad excluye, a menudo, los deseos, las voluntades incluso los conocimientos de la minoría. La educación, entonces para las minorías son contenidos, formas de hacer, aprendizajes extraños. También encontramos planteamientos que ponen el acento en el respeto a la libertad de cada grupo social y una educación específica para cada grupo cultural. La escuela debe encontrar el punto de encaje entre el respeto a lo diverso y conseguir que todas las personas puedan desarrollar al máximo sus competencias. Si la educación solo pretender transmitir los contenidos y valores de un modelo externo acaba colisionando con las dinámicas del grupo social minoritario por más que se introduzca con incentivos o con una apariencia de cercanía. Pero la educación debe ser capaz de abrir nuevos espacios más allá de lo que el entorno cercano puede ofrecer. Se trata la construcción de espacios comunes y preparados para el desarrollo, para las creaciones, para el goce, para atender a las necesidades básicas para responder a los deseos personales y colectivos.

Esto supone, acercarse a la educación no desde la rigidez de las disciplinas académicas sino desde el convencimiento de que entre todos podemos reconstituir, recrear un conocimiento siempre diferente a lo que ya existe y cada vez más útil para las personas.

Bases para una educación inclusiva

Según Isabel Jimenez (2013) los jóvenes i adultos gitanos manifiestan un interés por la formación cuando ven la parte instrumental de esta, cuando entienden que sirve para algo., no están dispuesto a *perder el tiempo* a *estudiar por estudiar*. También las familias entienden que para un adulto es más importante trabajar que estudiar i por lo tanto el estudia debe aportar un beneficio a corto plazo. Es necesario tramar el debate de qué educación es necesaria para la comunidad adulta gitana i como llevarla a cabo. Hay que buscar vías que conduzcan a propuestas abiertas, participativas y colaborativas. Si como sociedad mayoritaria no somos capaces de encontrar estas respuestas corremos el riesgo de que la única formación la que va a influir de forma decisiva esté en manos de sectores que van a plantearla de forma sectaria o interesada. O se practica la educación que socialmente productiva y tanto para los gitanos y las gitanas como para el resto de la sociedad o la practicarán grupos con intereses partidistas o comerciales. Para iniciar la formación hay que vencer una doble barrera a la que solo nos estamos enfrentando de forma esporádica y desorganizada. Primeramente, el conjunto de la población gitana debe conocer y valorar los beneficios que le puede aportar la formación. Y para ello no basta con una apelación genérica del tipo" sin formación no vais a ninguna parte". Porque la historia de la comunidad gitana avala la capacidad de muchos gitanos como grupo social para salirse con sus propios recursos. Lo que apoya las posibilidades reales de progreso y no va en detrimento de la vida que como gitanos quieren legítimamente vivir. Otra cosa es que no haya que hacer un esfuerzo de apertura, de imaginación e invertir un esfuerzo en esta tarea por parte de los gitanos. ¿Es el GES útil para los gitanos, que aporta o podría aportar la formación profesional a su proyecto de vida? ¿Qué formaciones específicas pueden potenciar sus capacidades y despertar nuevas competencias necesarias?

Hay que invertir un esfuerzo en romper la barrera que distancia la comunidad gitana de la educación. Demasiado a menudo cuando se propone una formación el gitano se pregunta: *y esto ¿para qué?* Y su respuesta es: *esto es cosa de payos.* Se necesitan modelos, resultados, pasarelas que certifiquen que la educación abre perspectivas sin renunciar a la propia opción identitaria.

Pero a la vez hay que romper otra barrera la de un sistema educativo y unas propuestas de formación que ignoran la vida de los estudiantes y su entorno social y cultural. Una escuela que aplica tiene unas bases organizativas rígidas, incapaces de acercarse a realidades diversas y cambiantes, un sistema que se basa en conocimientos estándar y que aportan poco o nada a los adultos gitanos. Y que acto seguido sentencia: *es que los gitanos no quieren aprender.* Las propuestas educativas a menudo parece que sean ciegas a la realidad. La institución que patrocina una formación, los maestros o educadores que la llevan a cabo tienen que abrirse para aprovechar lo que la comunidad gitana tiene y ofrece, de sus competencias para constituir espacios de aprendizaje activo para el desarrollo personal y colectivo. Esto significa trabajar también para superar esta barrera de prejuicios, de bloqueos, de ignorancia mutua.

La formación se debe proponer desde la flexibilidad, pero con criterios claros, con capacidad de diálogos y de tutela en los procesos de aprendizaje. Pero con esto no basta es necesario un pacto que impulse la convivencia con respeto y apoyando la diferencia que nos enriquece y nos mejora. Se necesita instituciones capaces de exigir el cumplimiento de las responsabilidades a todos los participantes gitanos y no gitanos.

Dimensiones de la educación inclusiva

1) Creación de culturas inclusivas

La escuela forma parte esencial de la cultura, posee un rol integrador vinculado a un elevado compromiso con la diversidad y con un currículum común e instrumental que se ajuste a cada realidad. Una escuela basada en la equidad, más allá de la inclusión, constituye para todas las personas su mejor entorno. Como bien expresan algunos, es necesario una nueva forma de entender la diferencia. No ya como un problema o una deficiencia, sino como un valor y una oportunidad (Haya, Rojas y Lázaro, 2014).

La escuela y, por ende, los maestros debemos adoptar nuevas miradas acerca de cómo entendemos la educación, organización y la estructura escolar pues en ocasiones, el contexto educativo sigue siendo una realidad cuyo principio fundamental es la uniformidad y homogeneidad.

2) Elaboración de políticas inclusivas

En este sentido, cualquier avance necesita el apoyo y la fuerza que otorga una reforma expresada a través de decretos y principios concretos. Se requieren cambios en cuestiones claves como el currículo o la formación del profesorado, además del resto de profesionales del sistema educativo como: psicólogos, educadores sociales, psicopedagogos, entre otros. Y por supuesto, un cambio de mentalidad en los líderes y dirigentes políticos sobre la necesidad imperiosa en estos cambiantes tiempos de desarrollar una mayor responsabilidad social a través de políticas nacionales concretas.

Aunque pueda parecer irónico y ya sea por dificultades asociadas al proceso o por convencimiento que se hace un buen trabajo, algunas organizaciones aún a la fecha exigen y prestan servicios denominados especializados que reproducen un modelo de segregación. Esto se debe a que, como bien expresan Dyson y Milward (2000), el campo de la inclusión tiene desde sus orígenes una tradición dilemática que trae consigo contradicciones y en ocasiones, incertidumbres tanto desde su propia definición como a través de su desarrollo.

En el caso de España, por un lado, se declara la importancia de una educación basada en la inclusión a través de una serie de principios de escolarización al tiempo que en algunos centros existe segregación. Esto sucede porque el concepto de inclusión se asocia al de necesidades educativas especiales (Echeita, Simón, Verdugo, Sandoval, López, Calvo y González, 2009).

3) Desarrollo de prácticas inclusivas

Uno de los mayores desafíos que enfrenta la inclusión tiene que ver con la distancia entre la teoría, las declaraciones y la perspectiva práctica de la misma.

En ocasiones, da la impresión que los docentes y sus directivos no se sienten con las competencias ni las condiciones necesarias para enfrentar la tarea de trabajar con grupos heterogéneos y de educar en contextos diversos, cuestión que no es novedad; aunque sí lo es comenzar a asumir una práctica que valore la diferencia dejando atrás prácticas homogeneizantes.

La propuesta educativa: ni privilegio, ni abandono

También es necesario plantear un conjunto de temas organizativos. ¿Se debe plantear una educación específica para los gitanos segregada del resto de la población? La respuesta no es sencilla. El riesgo de la segregación es potenciar aún más el aislamiento, pero sí existen necesidades específicas o que solo se pueden tratar educativamente si se abordan desde la diferencia.

El riesgo que siempre corremos es bascular entre el abandono y el privilegio. Cualquier actividad segregada debe hacerse con la perspectiva de encontrar el encaje en el entorno global y con una metodología que prevea este encaje. Y cualquier actividad conjunta debe atender a la diversidad. La educación de la que hablamos no debe ser un privilegio para nadie sino la repuesta a una necesidad. Y así se debe consensuar con el conjunto de la sociedad. Para ello es mejor trabajar en los entornos educativos habituales de la población, con actividades que permitan la comunicación e intercambio con otros grupos. Y hay que ayudar a las gitanas y a los gitanos a vencer las barreras que algunos entornos les ofrezcan.

Es necesario abrir canales de comunicación en primer lugar con los formadores y formadoras. El vínculo con el formador asegura la posibilidad de trabajar una continuidad en muchos casos frágil. Pero también es necesario un anclaje con el entorno de referencia. Los procesos formativos exigen una continuidad y un esfuerzo que se debe ir apoyando día a día.

Habrá que velar también porque existan los recursos adecuados para seguir la formación con éxito. Materiales, espacios para el estudio, técnicas y útiles didácticos van a tener que ser redefinidos y adaptados a la situación de los jóvenes y adultos.

En el horizonte cercano de la formación el estudiante tiene que ver que que se abren nuevas posibilidades y que él o ella van adquiriendo las competencias necesarias para poder acceder a ellas.

Marco de actuación

Hablar de educación es hablar de futuro. No obstante, a menudo planteamos los cursos, los seminarios, los estudios como una repetición de lo que ya hicimos en el pasado y no solo eso, sino que los contenidos, las metodologías, la propia orientación de la educación mira de compensar lo que no se hizo, y esto pasa especialmente con la educación de jóvenes y adultos.

La educación parte de los antecedentes que son la fuente del conocimiento que tenemos en el momento actual y nos permite explicar lo que pasa en el momento actual. Debemos dedicar por lo tanto un esfuerzo en analizar qué pasó y porque pasó, dónde estamos, que bagaje o patrimonio tenemos, que lagunas constatamos. ... una educación que pretenda reproducir lo que ya se tuvo quizás tendría suficiente con llegar hasta aquí. Si se pretende la mejora de las personas y la sociedad se debe ir más allá. Es necesario saber a dónde queremos ir, qué esperamos para nosotros y nuestros hijos, qué es importante potenciar y qué debemos contrarrestar.

De esta manera no se puede entender la situación actual de la educación de las gitanas y gitanos si no se entiende el pasado, al menos el reciente. Es verdad que a veces se ha utilizado este como un instrumento de presión emocional. El abandono, la marginación, la persecución, la represión ejercida respecto a las gitanas y los gitanos ha dejado su huella. Y sin embargo se ha sido capaz de mantener y desarrollar unos valores, unas prácticas, una contribución al bien propio y a la vida colectiva.

La educación y las ciencias sociales a menudo hacen hincapié en los déficits como si señalando aquello que falta ya tuviéramos gran parte del trabajo hecho. El trabajo educativo con los hombres y mujeres gitanas muestra que esto nos lleva a un callejón sin salida en muchas ocasiones. No se trata solo de ver lo qué *no se tiene* sino *lo que se tiene* y lo que *se puede tener.* Con ello encaminamos nuestro trabajo a lo más importante disfrutar aquello que vivimos y prepararnos para vivir lo que va a venir. La experiencia nos muestra cómo personas en condiciones de vida precarias desarrollan capacidad de resiliencia sacando provecho en condiciones de adversidad, valoran las relaciones con los que tienen en su entorno, optimizan recursos de formas propias e imaginativas.

Identificamos, por lo tanto, dos elementos nucleares para decidir qué educación es necesaria para jóvenes y adultos: una lectura de cuál es el momento actual y una definición de a dónde pretendemos llegar. Tenemos que hacer una lectura intentando no dejarnos condicionar por los fantasmas del pasado, por las inercias del presente, ni por los espejismos del futuro. Una lectura que sea capaz de aprovechar un patrimonio personal y colectivo que por más que no sea valorado por la sociedad globalizada, mayoritaria, hegemónica no deja de existir. Una lectura que no practique la política del avestruz respecto a las limitaciones del propio colectivo o a las dificultades que se puedan presentar.

Tan importante como esto es definir los puntos de llegada sin autolimitarse, sin renunciar a nada, buscando aquello que es posible en el presente y en el futuro cercano.

Aquí es dónde una mirada nueva, pero a la vez que entronca con la sabiduría acumulada, nos puede dar un impulso decisivo. Hoy entendemos que la educación no acaba en la escuela infantil. Sabemos que la educación puede ser un útil de primer orden a lo largo de toda la vida. Y esto entronca con la práctica de los pueblos dónde las personas eran acompañadas por el saber colectivo en la salud, en el trabajo, en el ocio.

Las propuestas de formación las debemos entender como una aportación significativa, útil, que ayuda a recrear el conocimiento de manera que esta impulse el progreso. Es necesario liberarse de estereotipos y buscar la aportación más adecuada en cada momento. Por ejemplo, hay que pensar cómo enfrentarse a un mundo del trabajo cambiante, a unas relaciones familiares y del entorno personal cada vez más diverso y plural, a una sociedad compleja y a una situación llena de incertidumbres. El bagaje con el que partimos no es desdeñable. Un grupo social que ha sabido sobrevivir a dificultades muy notables debe aprender de estas situaciones y encarar el futuro a partir de estos aprendizajes. El espectro de actuaciones formativas en diferentes etapas de la vida es un conjunto de propuestas muy diversas. Se trata de buscar aquello que cada persona, cada grupo necesita. Por lo tanto, se va a necesitar un trabajo importante de orientación para las personas y para los colectivos.

Se deben preparar instrumentos para conseguir enfrentarse a una situación en la que el un número importante de jóvenes y adultos tienen que acercarse a aprendizajes que otros sectores de la sociedad ya han incorporado, en la que tienen también existe un volumen importante de trabajo precario, en la que viven en el umbral de la pobreza. Pero también para rescatar y potenciar la creatividad, el saber hacer, para potenciar una lengua y una expresión original, para responder a los retos actuales con identidad propia.

La educación debe contribuir a la mejora de la situación y para ello es necesaria la implicación de todos los agentes que intervienen en primer lugar de los educadores y también de los educandos. En este proceso el entorno social tiene un papel decisivo y por lo tanto es necesario encontrar las propuestas que van a dar repuesta a los problemas actuales, pactar las condiciones y dar el apoyo desde el entorno más cercano hasta todas las instancias del marco social e institucional.

Propuestas para una educacion de jóvenes y adultos gitanos

1. Acuerdo de formación

Un primer paso para impulsar planes de actuación con jóvenes y adultos seria tramar acuerdos con colectivos a partir de una actuación comunitaria. Hay que establecer puentes de diálogo que permitan compartir metas a corto y a medio plazo. Los planes de actuación a menudo son una adaptación de iniciativas genérica o que han funcionado con otros colectivos. Se trata de conseguir actuaciones que la comunidad acepte como propias, que hablen su mismo lenguaje, que abran vías realistas a entornos laborales, a acciones comunitarias, a aquellos espacios que supongan una mejora de las condiciones de vida.

Existen numerosas experiencias que avalan esta propuesta. En los trabajos que llevamos a cabo en el marco del programa Onyar-Est (Marzo, 1997) se presentaba una propuesta detallada de la actuación. Cada contexto tiene sus propias características, pero lo fundamental es que sea contrastada de manera que la perspectiva inicial de la que partan cada uno de los implicados se vea remodelada y enriquecida. Es habitual un cierto recelo por parte de los gitanos y gitanas hacia las propuestas, a veces solo acceden a iniciarlas si hay incentivos materiales directos, pero hay que aprovechar el encuentro en todas las ocasiones para crear un espacio que permita compartir i redefinir los objetivos, las metodologías, las expectativas.

A menudo el mundo de significados y de valores de la comunidad gitana transcurre en paralelo con el reconocido de manera estándar en la sociedad mayoritaria. No necesariamente se reconoce la escuela como un factor que va a apoyar su progreso material, su cultura, sus relaciones más apreciadas. Por lo tanto, la acción formativa va a tener que invertir un esfuerzo adicional para encontrar como esta va a ser decisiva en la mejora de sus condiciones de vida y en el manteniendo y progreso de aquello que consideran esencial.

El bagaje de desencuentros entre la sociedad mayoritaria y las comunidades gitanas no juega a favor. Leyes que han sido lesivas, prácticas sociales de marginación y exclusión, incapacidad de aceptar formar diferente de organizarse, de vivir han ido tejiendo un entramado que facilita la tarea educativa. Por otra parte, determinadas actuaciones de la propia comunidad que seguramente han tenido un carácter de defensa perviven en el momento actual y actúan como un lastre que hace que el avance sea más lento. La educación actúa a menudo a medio y largo plazo y cuando las familias gitanas se acercan a la educación piden beneficios inmediatos. La acción pedagógica debe ser capaz de visualizar los beneficios que va ofreciendo cada etapa. Y para ello tiene que comprender el sistema de valoraciones de la comunidad. Dominar la ortografía, la gramática es importante para la comunicación oral y escrita pero posiblemente signifique poco para un pueblo que lleva siglos sobreviviendo con una cultura oral. Hay experiencias que ha utilizados el teatro, la música, la cocina, la artesanía... para poner en valor la cultura popular gitana y la portación que pueden continuar ofreciendo a la sociedad.

Resaltábamos en trabajos con jóvenes y adultos gitanos (Marzo, 1990) que la acción educativa tienen que resituarse permanentemente encontrando el ajuste entre lo que esta puede ofrecer y los retos a los que se enfrenta la comunidad. Pero para que esto ocurra tiene que haber un acuerdo inicial de manera que la educación reconozca la autoridad que la comunidad y los propios participantes gitanos tienen i que ellos entiendan que la acción educativa les va a aportar un beneficio tangible y compatible con su forma de vivir.

2. Planes específicos de mediación

La educación como la entendemos siguiendo los planteamientos de Francisco Gutierrez y Prieto (2002) es mediación. El Educador, la educadora facilita que los estudiantes elaboren recreen los conocimientos que les van a ser de utilidad. Pero en el caso de la comunidad gitana este esfuerzo de mediación va a ser necesario no solamente sobre los contenidos sino sobre la propia organización, sobre los valores, sobre la manera de evaluar el progreso.

En las últimas décadas se han impulsado Planes Integrales del Pueblo Gitanos, planes de inclusión. Como *la Estrategia Europea de Inclusión Social* y *los Planes Nacionales de Acción para la Inclusión* (FSG, 2003) o el *Pla integral del poble gitano a Catalunya 2017-2020* (Generalitat de Catalunya, 2018). La educación forma parte de estos planes, pero a menudo es concebida como una pieza separada de las actuaciones en materia de salud, trabajo, vivienda o cultura. En el caso de una parte importante de la comunidad gitana hay que entender que el punto de partida sobre cómo se entiende cada uno de estos ámbitos de la vida tiene características propias.

La mediación debe ser capaz de acercar la escuela a la vida de los gitanos y abrir a estos nuevos ámbitos que pueden ser útiles sin tener que renunciar a la propia identidad. (Marzo, 2012).

El encuentro no se va a producir si no está planificado, si no tenemos espacios flexibles para poder incorporar lo elemento propios de la comunidad. Vamos a tener que ir elaborando día a día estos espacios de confluencia.

Nos va a ser de gran utilidad la aportación de gitanas y gitanos que ya han hecho este camino, que han conocido sus dificultades, que siendo profesionales de la docencia, la sanidad, la administración pública, el comercio, ... también entienden que la educación va contribuir al desarrollo de la comunidad.

La acción educativa no debe ofrecer una propuesta cerrada, respetar la identidad no significa excluir aportaciones externas. El abrigo del grupo de pertenencia es importante para el crecimiento, el desarrollo, pero al mismo tiempo la educación debe ser capaz de ofrecer nuevas conexiones, vías de desarrollo, campos de expansión.

Pero las dificultades van a continuar surgiendo. No basta una planificación pormenorizada, van a salir imprevistos, disrupciones, desencuentros. Y aquí es dónde la pedagogía debe emplear su técnico y su capacidad de propuesta.

Los y las estudiantes se tienen que sentires acompañados y formar parte de la acción formativa. Su opinión, sus argumentos, sus dificultades, sus propuestas tienen que formar parte del proceso. Esto va a crear un vínculo que va a reforzar el proceso y facilitar su éxito.

3. Exigencia de responsabilidades

Si las metas son compartidas cada agente que participa en el proceso debe asumir su responsabilidad. Y aquí tenemos una terea que rema contra corriente de lo que ha sucedido durante décadas y posiblemente siglos. Los gitanos tienen que ganar confianza en la institución de formación tanto los propios estudiantes como su entorno. Para ello la formación tendrá que conjugar con la vida diaria de cada grupo su ocupación, actividades sociales, atención a miembros de la familia y el conjunto de responsabilidades que cada persona tenga. Pero quien inicia un proceso de formación debe entender el esfuerzo colectivo que esta supone y responder con el compromiso propio.

También la institución y los educadores y educadoras van a tener que hacer un esfuerzo para que los útiles de las disciplinas y contenidos educativos jueguen un papel clave para responder a los retos que son significativos y que tienen sentido para la comunidad. El trabajo va a ser la recreación conocimientos, consensuar estrategias, proponer vías de trabajo. Va a tener pleno sentido si a propia comunidad se implica en el proceso.

4. Metodología con sentido y con conciencia compartida

No proponemos una sola metodología. Habrá que encontrar la que sea más útil en cada momento. La educación no se puede encasillar en una solo opción metodológica. No obstante, ya hemos señalado en el apartado anterior el bagaje que nos aportan experiencias previas. Cada caso va a requerir sus propios procedimientos.

El proceso debe ir alineado con las finalidades que queremos lograr. Hay un trabajo permanente encontrar el sentido que cada acción realizada.

La educación realiza un trabajo permanente de despertar la conciencia sobre las propias capacidades, sobre los objetivos colectivos, sobre el marco común que nos permite desarrollar nuevas propuestas.

La formación de mujeres y hombres gitanos ha sido cuidada durante siglos por la propia comunidad dentro de una organización familiar que establecía redes de cooperación horizontal y que ha dado oportunidades a sus miembros y ha abierto oportunidades. Es tarea de la sociedad en general aprovechar esta aportación reconocida por poetas como García Lorca, estudiosos, profesionales de ámbitos muy diversos. Pero a la vez en pleno siglo XXI hay que encontrar la manera de que la formación apoye su proceso de desarrollo y la consolidación de la identidad que mujeres y hombres gitanos quieran conservar o redefinir.

A modo de síntesis

Desde sus inicios el Pueblo Gitano se ha visto enfrentado a dificultades que tienen que ver con la percepción a veces errada que se posee de su cultura. En este sentido, las instituciones tienden a trabajar considerando a la cultura como algo estable e inamovible. Pero la cultura no lo es, por el contrario, es dinámica y está en constante evolución.

Este artículo expresa y apuesta por una educación basada en la equidad e inclusión como base para el desarrollo de adultos de etnia gitana. Asimismo, consideramos de vital importancia respetar el valor de la propia identidad para el impacto positivo en el proceso formativo que se lleva a cabo. De esta manera, la perspectiva educativa que retrata esta propuesta está fuertemente influida por Freire (2006) que considera que el proceso de enseñanza no es mera transmisión de información y conocimientos, sino que es un espacio donde el conocimiento se recrea, donde existe un saber compartido producido por y para todas las personas.

El itinerario metodológico que plantea el artículo está inserto en una conciencia compartida y en un proceso de aprendizaje con sentido de pertenencia que ofrece a la población gitana integrar sus creencias y costumbres sin dejar de lado la identidad que los caracteriza; pues sus experiencias son elementos claves para comenzar su formación y no pueden desconocerse.

Referencias

Alert, M., Marzo, A. y Rodriguez, J. (1999). Gitanos i Educació: ¿un binomi divergent? Barcelona: Fundació Bofill. Disponible en https://bit.ly/3pD8kpA.

Braña, F. (2015). Imaginarios de monte y fuego. Los incendios forestales en Galicia. Imagonautas, 6, 15-26.

Berthier, J.C. (1979). La socialización del niño gitano. Revista Internacional de Ciencias Sociales, XXXI (3), 409-426.

Borrow, G. (1979). Los Zicali. Madrid: Turner.

Dyson, A. & Millward, A. (2000). School and special needs: Issues of Innovation and Inclusion. Londres: Paul Chapman.

Echeita, G., Simón, C., Verdugo, M., Sandoval, M., López, M., Calvo, I. y González, F. (2009). Paradojas y dilemas en el proceso de inclusión educativa en España. Revista de Educación, 349, 153-178.

Essomba, M. (2019). Educación comunitaria: crear condiciones para la transformación educativa Rizoma Freiriano nº 27 Valencia: Instituto Paulo Freire. Disponible en http://www.rizoma-freireano.org/educacion-comunitaria.

Fernández, M. (1999) Alumnos Gitanos en la escuela paya. Un estudio de las relaciones étnicas en el sistema educativo. Barcelona: Ariel.

Freire, P. (1988). Pedagogía del oprimido. Madrid: Siglo XXI.

Freire, P. (2004). Pedagogia de l'esperança. València: Institut Paulo Freire: CREC.

Fundación Servei Gironí de Pedagogia Social. SER.GI (1990): Propostes d'intervenció educativa en el marc del programa Onyar-Est. Girona: Fundación SER.GI.

Fundación Secretariado Gitano. FSC (2003) Inclusión social y comunidad gitana. Gitanos. Pensamiento y cultura, 17-18 Madrid.

Fundación Secretariado Gitano FSC (2019). Estudio comparado sobre la situación de la población gitana en España en relación al empleo y la pobreza. Madrid: Fundación Secretariado Gitano. Disponible en https://www.gitanos.org/upload_priv/00/79/estudio_2018/files/assets/basic-html/page-24.html.

García, A. (2007). La familia en la comunidad gitana. En M. Laparra (coord.) Situación social y tendencias de cambio en la comunidad gitana. Pamplona: Universidad Pública de Navarra.

Gelpi, E. (2005). Educación Permanente. Dialéctica entre opresión y liberación. Valencia: CREC.

Generalitat de Catalunya (2018). Pla integral del poble gitano a Catalunya 2017-2020. Barcelona: Departament de Treball, Afers Socials i Famílies Direcció General d'Acció Cívica i Comunitària. Disponible en https://treballiaferssocials.gencat.cat/ca/ambits_tematics/accio_comunitaria_i_voluntariat/accio_comunitaria/poble-gitano/pla-integral/2017-2020/.

Girona, J. (2018). Realitats quotidianes de les desigualtats de classe en el marc escolar. Disponible en https://bit.ly/3hAmOUy

Gutiérrez, F. y Prieto, D. (2002). La mediación pedagógica. Apuntes para una educación a distancia alternativa. Xàtiva, Valencia: Diálogos.

Haya, I., Rojas, S. y Lázaro, S. (2014). Observaciones metodológicas sobre la investigación inclusiva: Me gustaría que sacarais que la persona con discapacidad tiene su propio pensamiento. Revista de Investigación en Educación, 12(2), 135-144. Recuperado de http://webs.uvigo.es/reined/.

Jiménez, I. (2013). Entre adultos: entrevista a Isabel Jiménez. Barcelona: Diálogos n° 73 p. 33-36.

Kirlwood, G. y Kirlwood, C. (2007). Educación de personas adultas viva. Freire en Escocia. Xàtiva (Valencia): Diálogos.

Leblon, B. (1987). Los gitanos de España, el precio y el valor de la diferencia. Barcelona: Gedisa.

Liegeois, J. (1988) Los Gitanos. México D. F.: Fondo de cultura Económica.

Lombera, R. (1996). La participación social en el ejercicio del gobierno y en la construcción de poder local. Programa de desarrollo y gestión municipal del COPEVI. Democracia, Desarrollo y Autonomía Municipales. Experiencias y propuestas (pp. 13-21). México: COPEVI.

Marzo A. (1990). L'educació d'adults a la Perona. Barcelona: Fundació Bofill.

Marzo, A. (2006) De la de la barraca Ronda, de la riera a la Rambla. Educació per a la plena ciutadania, l'escola ciudadana. Quaderns d'educació contínua 14. Diputació de Valencia, p. 75-86.

Marzo, A. (2008). Comunidad gitana y Educación. Diálogos 55-56 Barcelona, p. 11-24.

Marzo, A. (2012). Aprenentatge a l'edat adulta: identitats i comunicació, competències i entorn social. Tesi doctoral. Universitat de Barcelona: Dipòsit digital de la Universitat de Barcelona. Disponible en http://hdl.handle.net/2445/46985.

Marzo, A. (1998) Intervención socioeducativa con gitanos jóvenes y adultos. En: Gairín, J. Darder, P. (Ed) Planificación y gestión de las instituciones de formación. Barcelona: Praxis.

Méndez, C. (2005). Por el camino de la participación. Una aproximación contrastada a los procesos de integración social y política de los gitanos y las gitanas Tesis doctoral Universitat Autónoma de Barcelona. Disponible en https://hdl.handle.net/10803/32174.

Pintos, J. (2005). Comunicación, construcción de la realidad e imaginarios sociales. Utopía y Praxis Latinoamericana, 10(29), 37-65.

Pintos, J. (2014). Algunas precisiones sobre el concepto de imaginarios sociales. Revista Latina de Sociología, 4, 1-11.

Randazzo, F. (2012). Los imaginarios sociales como herramienta. Imagonautas, 2(2), 77-96.

Revest, L. (1964). Gitanos en Castellón. Boletín de la Sociedad Castellonense de Cultura, 11, 7-8.

San Román, T. (1976). Vecinos gitanos Madrid: Akal.

San Román, T. (1984). Gitanos de Madrid y Barcelona. Ensayos sobre Aculturación y Etnicidad. UAB; Bellaterra (Barcelona): Publicaciones de Antropología Cultural.

San Román, T. (1994). La diferència inquietant. Barcelona: Alta Fulla.

As relações de acolhimento e reciprocidade na apropriação do conhecimento na educação de jovens e adultos

Maria Hermínia Lage Fernandes Laffin

"Ninguém educa ninguém, como tampouco ninguém se educa a si mesmo, os homens se educam em comunhão, mediatizados pelo mundo" (Freire, 1987, p. 69).

Este texto tem como objetivo apresentar pesquisa sobre a questão do acolhimento no processo escolar de jovens e adultos, incluindo elementos que contribuem para a sua permanência na escola. Desse modo, constituem sujeitos da pesquisa: professores e estudantes jovens e adultos marcados por uma *'obrigação social de aprender' e por situações sociais de exclusão,* uma vez que vivemos em uma sociedade que valoriza a cultura letrada, na qual o termo 'analfabeto' assume uma condição pejorativa, definindo o sujeito pela sua distância com o saber letrado e não pelos conhecimentos que domina.

Ao analisarmos o que apontam estudantes e docentes com relação à desvalorização que os alunos de EJA fazem de si, constata-se que essa imagem é construída socialmente nas relações desses sujeitos com o mundo. Os docentes indicam que desenvolvem modos próprios de lidar com essa imagem de desvalorização, pelo *acolhimento* para o ato do conhecimento *e pela reciprocidade que estabelecem com os sujeitos.* Mediante a realização de uma pesquisa de abordagem qualitativa com o uso da técnica de grupo focal desenvolvida junto a vinte e três docentes e com entrevistas com doze estudantes. É no processo de dialogicidade que emerge o que significa essa relação com o saber, o tempo de dedicação às aulas, as necessidades de ausências em função do seu cotidiano e como eles percebem que seus professores lidam com fatores como: o modo como são acolhidos *para o processo ensino-aprendizagem,* o estabelecimento de relações que ajudam na sua permanência na escola, lidando com o fenômeno da evasão/desistência na escola, um grave problema na Educação de Jovens e Adultos. Para Freire (2010) o dialogismo se constitui em uma exigência existencial:

> E, se ele é o encontro em que se solidarizam o refletir e o agir de seus
> sujeitos endereçados ao mundo a ser transformado e humanizado, não
> pode reduzir-se a um ato de depositar ideias de um sujeito no outro, nem
> tampouco tornar-se simples troca de ideias a serem consumidas pelos
> permutantes. (...) Porque é encontro de homens que pronunciam o mundo,
> não deve ser doação do pronunciar de uns a outros. É um ato de criação.
> Daí que não possa ser manhoso instrumento de que lance mão um sujeito
> para a conquista do outro. A conquista implícita no diálogo é a do mundo
> pelos sujeitos dialógicos, não a de um pelo outro (Freire, 1987, p. 45).

Na escolarização de jovens e adultos deparamo-nos com dados que revelam altos índices do fenômeno, mais conhecido como "evasão escolar". Em pesquisa realizada em SC, pelo Fórum Estadual de Educação de Jovens e Adultos constatou-se um índice alto de evasão, quer seja, de 38% no Ensino Fundamental e 25% no Ensino Médio. Essa média foi elaborada com base nos números informados pelas redes de ensino em relação àqueles estudantes em situação de continuidade de estudos.

A evasão na EJA é um fenômeno estudado por Campos (2003) e Oliveira (2008) em pesquisas que analisam os motivos do que categorizam como "infrequência" dos alunos trabalhadores jovens e adultos em um curso de alfabetização da UFMG, ao situarem que esses estudantes demonstram uma contradição entre o seu discurso e a realidade de sua "frequência" no curso. Ou seja, os estudantes afirmam a importância do estudo, no entanto, ao estarem inseridos no programa apresentam um alto índice do que as autoras classificam apropriadamente de "infrequência". Poderíamos então caracterizar a "infrequência" como a necessidade das constantes ausências dos sujeitos jovens e adultos às aulas em função de motivos de trabalho, problemas de saúde de familiares e problemas pessoais que acabam se sobrepondo ao projeto de estudo.

Oliveira chama a atenção de algo que já Campos, em 2003 alertava de que a "infrequência" não está situada com o mesmo conceito de "evasão". Para Campos (2003) a evasão escolar na EJA pode ser registrada como um abandono por um tempo determinado ou não. Diversas razões de ordem social e principalmente econômica concorrem para a "evasão" escolar dentro da EJA, transpondo a sala de aula e indo além dos muros da escola.

Fonseca (2002), afirma que os motivos para o abandono escolar podem ser ilustrados quando o jovem e adulto deixam a escola para trabalhar; quando as condições de acesso e segurança são precárias; os horários são incompatíveis com as responsabilidades que se viram obrigados a assumir; evadem por motivo de vaga, de falta de professor, da falta de material didático; e também abandonam a escola por considerarem que a formação que recebem não se dá de forma significativa para eles.

Ainda Oliveira (2008) recorre a Fonseca (2002), ao afirmar que os motivos para o abandono escolar podem ser delineados:

> [...] quando o jovem e adulto deixam a escola para trabalhar; quando as condições de acesso e segurança são precárias; os horários são incompatíveis com as responsabilidades que se viram obrigados a assumir; evadem por motivo de vaga, de falta de professor, da falta de material didático; e também abandonam a escola por considerarem que a formação que recebem não se dá de forma significativa para eles (p. 67).

Nesse sentido, vários estudos como os das pesquisadoras citadas acima apontam preocupações por parte das instituições de ensino e de pesquisadores sobre a necessidade de fornecer incentivos, tanto no que se refere aos aspectos pedagógicos, como objetivos/estruturais, com o intuito de combater a evasão na EJA, tais como a criação de subsídios: vale-transporte, alimentação, atendimento nos bairros, entre outros.

O foco deste trabalho, a partir de perspectivas sociológicas e antropológicas e considerando os processos educativos escolares de jovens e adultos, aponta elementos referentes a particularidades do processo ensino-aprendizagem que envolvem esses sujeitos, em especial no que se refere às ações intencionais de acolhimento para o *processo ensino-aprendizagem*, no sentido do estabelecimento de relações que ajudam na sua permanência na escola.

Reciprocidade e acolhimento: ações intencionais no processo ensino-aprendizagem

Em minha pesquisa de doutorado (Laffin, 2006), ao estudar processos pedagógicos na EJA, uma questão que se salientou nos dizeres dos professores é o envolvimento do trabalho docente com a questão relacional como uma dimensão primeira desse trabalho na mediação com o conhecimento, pois "Professores constituem-se e identificam-se como tais a partir de suas relações com seus alunos. E estes, de igual forma" (Teixeira, 1996, p. 187).

Nessas relações há um envolvimento humano, marcado por trocas, conflitos, diálogos, negociações, empenho e uma intimidade entre docentes e discentes. A própria pesquisadora Inês Castro Teixeira questiona:

> E por que são também *relações de intimidade?* Aqui se observa o gesto e a palavra não programados, enredando o professor e aluno numa convivência impregnada de calor humano, de sentimentos e não apenas estabelecida em funções e papéis sociais. *Essa intimidade transparece na espontaneidade presente em situações corriqueiras, em que as palavras e gestos estão mais soltos.* Na verdade, *a proximidade e convivência cotidiana faz surgir uma certa liberdade e acolhimento mútuo entre professores e alunos.* Há momentos em que as teias e tons de suas relações extrapolam os conteúdos e normas escolares, escapando aos figurinos e regulamentação. Nesse sentido, sua convivência caracteriza-se também por uma certa imprevisibilidade. Nem sempre uma aula é o que dela se espera... Nem sempre é possível cumprir tudo o que estava programado... Alunos e professores podem surpreender-se uns aos outros... (Teixeira, 1996, p.188) (Grifos acrescentados).

As falas dos professores investigados vêm mostrando a sala da aula de EJA como um espaço do fluir dessa intimidade quando afirmam, por exemplo, que [...] procuro deixá-los bem à vontade e mostrar-me bem aberta para conversar sobre qualquer dúvida ou assunto. Maria Heloísa – 38 anos.

Capta-se a sinalização de uma perspectiva em que ensinar e aprender estão intrinsecamente articulados com uma relação de reciprocidade, de diálogo entre os alunos e docentes, uma vez que,

> *Trabalho o conhecimento, mas converso muito com ele sobre a vida,* sobre o exercício. É diferente, por exemplo, tenho cinco níveis, tenho um aluno que eu já estava alfabetizando, teve toxoplasmose, perdeu grande parte

da visão, preciso escrever com letra bem grande para ele enxergar, mas ele continua, é muito inteligente. Tenho uma senhora de 70 anos que está se alfabetizando agora, vou mais cedo para trabalhar com ela individualmente, quando os outros chegam *já estou trabalhando com ela. Passo a mão na cabeça, há uma relação de carinho grande.* Taís – 42 anos.

É pensar a relação com o saber inscrita numa relação com o outro e consigo mesmo, por compreender que,

> Toda relação consigo é também relação com o outro, e toda relação com o outro é também relação consigo próprio. Há aí um princípio essencial para a construção de uma sociologia do sujeito: é porque cada um leva em si o fantasma do outro e porque, inversamente, as relações sociais geram efeitos sobre os sujeitos que é possível uma sociologia do sujeito. Aí, também, um princípio fundamental para compreender-se a experiência escolar e para analisar-se a relação com o saber: a experiência escolar é, indissociavelmente, relação consigo, relação com os outros (professores e colegas), relação com o saber (Charlot, 2000, p. 47).

Essa relação dialógica constatada nas falas do grupo de professores, enquanto uma forma de lidar também com a imagem de desvalorização que os sujeitos têm de si, pelo acolhimento para o processo ensino-aprendizagem nos aponta um fazer docente no sentido de criar um espaço de relações apropriadas para esse processo.
Marília Carvalho (1999), em seu livro *No coração da sala de aula,* com base nos estudos de gênero analisa ações de atenção aos alunos, no contexto do trabalho docente nas séries iniciais de crianças.

> Enfim, em sua prática docente, as professoras e professores [...] usavam de muitas formas, até mesmo pelo avesso, conhecimentos, valores e estratégias aprendidos na vida familiar e doméstica e em suas experiências como mulher ou homem. E também pareciam fazer o inverso, levando para casa modelos, práticas e saberes desenvolvidos na experiência docente. Em suas falas, associavam em certa medida as

relações com filhos e com alunos, mas não as confundiam ou identificavam plenamente e suas práticas de "cuidado" em sala de aula eram informadas ao mesmo tempo por uma cultura escolar e por características adquiridas na socialização familiar. Na medida em que sua identidade pessoal estava intensamente imbricada à sua ocupação e que o trabalho com as crianças envolvia fortes pressões emocionais, elas e ele atuavam na sala de aula com suas entranhas e emoções, seus sonhos e suas angústias, que são inevitavelmente em nossa sociedade, entranhas, emoções, sonhos e angústias de mulher ou de homem, de pessoas marcadas [também] pelas relações de gênero (Carvalho, 1999, p. 230).

Essas entranhas e emoções, sonhos e angústias de mulher ou de homem, de pessoas marcadas [também] pelas relações de gênero, são perceptíveis também nas falas das professoras que participaram dessa pesquisa, ao situarem as tensões com as quais convivem cotidianamente ao optarem na atuação da EJA, por esta se dar no noturno, horário informado como aquele que gostariam de dividir para dar atenção e cuidado aos filhos e marido:

> Não consigo largar a EJA, lógico que preciso trabalhar, mas precisaria no turno da noite ficar mais em casa com meus filhos, pois já trabalho o dia inteiro, no entanto, não consigo me desvincular da EJA, pois gosto muito de trabalhar na EJA.
> Se eu quisesse parar de trabalhar na EJA, pois se me organizasse conseguiria viver sem esse dinheiro, os meus filhos e marido me cobram para ficar à noite, mas não consigo parar de trabalhar na EJA, pois gosto muito de trabalhar no EJA, posso estar cansada, mas trabalhar à noite com adultos me dá prazer. Andréa – 43 anos.

Pedro, apesar do forte envolvimento e prazer com relação ao que faz, destaca aspectos mais relacionados à carga de trabalho, uma vez que tem uma carga semanal de sessenta horas:

> Tem que gostar! Eu sempre pensei em ser professor, para sobreviver decidi ser professor. Formei-me e trabalho de manhã, à tarde e à noite em aula.

> Com a diversidade, de manhã com surdo, à tarde com autista, que é totalmente diferente, e à noite com adultos com necessidades educativas, eles trazem muitas contribuições para a sala de aula. É difícil, posso chegar em casa e chorar, mas no dia seguinte estou com a pilha ligada e os alunos sentem isso, sentem que a gente gosta. Isso é gratificante, já estou há cinco anos na EJA. Pedro –33 anos.

As mulheres professoras apontam questões mais ligadas ao fato de cuidarem e se dedicarem mais à família, enquanto Pedro aponta para o fato de necessitar trabalhar à noite, porque gosta, mas também porque precisa sobreviver. Esses aspectos diferenciados apontam para os papeis sociais que homens e mulheres acabam assumindo em função do que se considera, em determinados momentos históricos, como papéis femininos e masculinos.

Já Mari destaca o lado relacional fortemente ligado ao aspecto emocional e de gratificação no exercício do seu trabalho:

> Eu sempre trabalhei com EJA, em São José. Faz cinco anos que estou na EJA e uma das opções, pois eu fico indignada de ter pessoas com idade adulta que não sabem nem escrever o seu próprio nome. Então me envolvo no trabalho em que tem que pegar na mão para ensinar o nome para poder assinar documentos. Isso me motivou para que permanecesse na EJA e outro motivo é uma forma agradável, emoção imensa, ver o adulto terminar uma fase e já saber ler e escrever alguma coisa! Mari – 51 anos.

Nessa perspectiva, a pesquisadora Marília de Carvalho (1999, p. 15) trabalhou com a hipótese de uma matriz comum entre as práticas de maternagem no seio da família e o fazer da escola, a qual se funda nas ideias socialmente construídas de infância, da relação adultos-crianças e "cuidado", e dos lugares de homens e mulheres adultos nesse processo. Na pesquisa, Carvalho examinou essas relações escolares como práticas e valores articulados a ideias e imagens sociais sobre o que significa ser homem e ser mulher na sociedade atual.

Com relação às práticas de cuidado, a pesquisadora vai conceituá-las como um componente fundamental na educação das crianças por parte dos professores, compreendida como uma *disponibilidade emocional e uma intencionalidade que não se opõe ao ensino e à apropriação do conhecimento.* O conceito de cuidado vem sendo estudado no âmbito dos estudos da Educação Infantil, na qual o binômio educar/cuidar constitui um dos seus principais objetivos. Além disso, Kramer vem trabalhando com a noção de que o cuidado está envolvido em todos os processos educativos, tanto de crianças, jovens e adultos. (Kramer, 2003, p. 74). Mas o que significa esse cuidado, no caso do aluno jovem e adulto?

Ribeiro (1999, p.3,4 e 6) vai alertar para o risco desse cuidado vir a ser compreendido numa perspectiva elitista, de julgamento moral dos alunos e de suas famílias, ao ser visto como um aspecto específico da educação de crianças quando dirigido a compensar pretensas carências, além de poder ser entendido como uma ação assistencialista para com o educando jovem-adulto. Nesse sentido, Ribeiro ressalta ainda esse cuidado como a *importância do estabelecimento do diálogo como princípio educativo numa relação de reciprocidade entre professor e aluno.*

Nesse caso, opto por definir as ações de cuidado das professoras e professor investigados como uma *intencionalidade de acolhimento do sujeito para o ato de conhecimento.*

Essa intencionalidade ao acolhimento é percebida quando as professoras e professor indicam que:

> Todos são capazes de aprender, no entanto não acreditam que são capazes de aprender, *então preciso ajudar mostrando alternativas para o aluno desenvolver seu potencial.*Silvia – 35.
>
> Tudo depende do mediador para despertar o entusiasmo e interesse dos alunos. Laís – 35 anos.
>
> Posso ajudar meus alunos, oferecendo-lhes maior tranqüilidade e dando mais atenção a eles. Mari – 51 anos.
>
> Podemos ajudar os alunos, dependendo da *forma como conduzimos nosso trabalho,* pois na maioria dos casos o que falta é aumentar a autoestima de nossos alunos. Simone – 34 anos.
>
> O que diferencia a EJA é a forma que se estabelece a relação professor – aluno, que envolve paciência e muita compreensão. Mirna – 40 anos.

Apontam-se nessas falas um movimento de provimento de condições para o ato de conhecer, como ação de *'mobilização para'*, de diálogo no sentido da desmitificação da própria imagem de desvalorização dos alunos, na sua própria relação com o processo de aprendizagem desse saber. O provimento dessas condições pode viabilizar outra relação com o saber.

Segundo Charlot (2000, p. 54), essa relação implica atividade e para tal o sujeito precisa se mobilizar. Para que haja essa mobilização para com o ato do conhecimento é necessário que o sujeito perceba sentidos e significados nessa atividade. "Mobilizar-se é também engajar-se em uma atividade originada por móbiles, porque existem "boas razões" para fazê-lo" (Charlot, 2000, p. 55). Nesse sentido,

> [...] a intervenção educativa teria que atuar sobre os indivíduos necessariamente diversos, no sentido de lhes dar acesso àquela modalidade particular de relação entre sujeitos e objetos de conhecimento que é própria da escola, promovendo transformações específicas no seu percurso de desenvolvimento (Oliveira, 1997, p. 60-61).

Transformações que poderão possibilitar também que o sujeito se *perceba como sujeito de conhecimento* e, portanto, também de se sentir como capaz de pensar certo também. [...] "A ação política junto aos oprimidos tem de ser, no fundo 'ação cultural' para a liberdade, por isto mesmo, ação com eles" (Freire, 1987, p. 54).

Adotando essas concepções sobre as ações de cuidado como uma *intencionalidade de acolhimento do sujeito para o ato de conhecimento e da necessidade da mobilização para a aprendizagem do sujeito estudante, é que o presente estudo tem como objetivo abordar elementos e particularidades do processo* ensino-aprendizagem que envolvem sujeitos jovens e adultos em especial no que se refere às ações intencionais de acolhimento para o processo ensino-aprendizagem, no sentido do estabelecimento de relações que ajudam na sua permanência na escola.

Como os estudantes percebem a questão do *acolhimento na EJA?*

Tomando as referências acima como fundantes para a compreensão das falas dos estudantes obtidas mediante entrevistas semiestruturadas em que emerge a dialogicidade sobre o que significa essa relação com o saber, procurou-se destacar elementos em seu cotidiano de como percebem ações que podem ser caracterizadas como de incentivo/acolhimento para seus estudos. Essas falas podem ser categorizadas em duas dimensões: *acolhimento na/da família e no/do contexto social e acolhimento pedagógico por parte dos seus professores* no *processo ensino-aprendizagem.* Tais elementos, ao lado de condições objetivas de apoio aos estudantes, podem colaborar no estabelecimento de relações que ajudam na sua permanência na escola, lidando com o fenômeno da evasão/desistência na escola.

Acolhimento na família e no contexto social

Ao indagarmos os sujeitos investigados sobrequestões acerca do que os motivou a estudar ou voltar a estudar e sobre a questão do apoio familiar, um elemento que se ressalta na análise é o fato de verem a oportunidade de tomarem um novo objetivo na sua vida – estudar. Novo, nesse momento, pois em outra fase da vida isso não foi possível, quer seja pelas próprias condições objetivas e materiais, do desejo, ou de tempo. É interessante que este fato se evidencia no depoimento de duas mulheres, em que esse tempo, esse projeto é colocado ao dividir atividade com o casamento, com o ser mãe, com o trabalho:

> Decidi voltar a estudar porque é um objetivo e sempre gostei só que nunca tive oportunidade, até oportunidade tive, mas não tinha tempo, porque depois que tu casas, tu só te dedicas àquilo. (Joana, 35 anos,assistente de fraldário).
> Falta de vontade, porque se tu tiveres vontade tu vais em frente. Eu batalho muito tenho dois filhos para criar, trabalho e venho para o colégio sem me cansar. (Joana, 35 anos,assistente de fraldário)

Outra questão que os estudantes destacam é o apoio de pessoas do seu contexto social o qual indicam considerarem como fundamental ao incentivo à sua continuidade de estudos – a família, o chefe, os amigos:

> Moro com a minha tia e com meus avós no Rio Tavares e eles me dão muito apoio, porque estudaram até a quarta série e eram menosprezados

> por isso. E meus amigos também dizem para eu não parar (Jorge, 17 anos, Padeiro).
> Minha filha, os meus amigos e o chefe do trabalho me apoiam nos estudos. (Joana, 35 anos,assistente de fraldário).

Salienta-se que o incentivo do outro torna-se importante na constituição de móbiles para a continuidade, para o encontro de significados para o processo de escolarização e sua valorização social. Principalmente pelo fato de que o sujeito adulto é também um trabalhador que precisa lidar com o cansaço, com outras preocupações, com a sobrevivência e bem-estar da família, com o cuidar dos filhos, da casa, enfim pelo fato do seu processo de escolarização se constituir como mais uma das várias jornadas do seu dia-a-dia.

Acolhimento na relação pedagógica

Quando na entrevista o assunto versou sobre o que os estudantes identificavam como ações/ atitudes por parte de seus professores de modo a incentivá-los a aprender e a continuar nas aulas e o que destacavam como importante na atuação dos professores, podemos perceber que se configuram dois eixos de colocações – *do acolhimento à reivindicação do que ainda se faz necessário para uma melhor relação professor-aluno.*

Assim, temos em um conjunto de falas dos estudantes de primeiro segmento (estudos que correspondem à escolarização inicial) um olhar para o que significam as mediações do professor e dos colegas para a aprendizagem:

> Os meus amigos e eu, gostamos de trabalhar em grupo. Nós fizemos muitos trabalhos e a professora nos ajuda. (Marta, 32 anos cabeleireira).
> Eu não sabia escrever agora eu sei escrever sem dificuldade com a ajuda da professora. Eu consigo, eu estou achando isto ótimo! (Alan, 20 anos, padeiro).
> Eu aprendi a ler e escrever, todos tem paciência, ideias e união. (Ana Paula, 17 anos, não está trabalhando).

Eu estou muito contente de estudar no CEA. Aqui cheguei e fui muito bem recebido e comecei a estudar junto e tudo com muita paciência da professora. Eu sei ler e escrever. A nossa sala é muito feliz porque nós participamos de todas as coisas. Em grupo aprendemos cada dia mais e mais. Eu sou outra pessoa, é muito triste quando a pessoa não sabe ler (Maurício, 31 anos, operador de máquina). *A professora nos ajuda, todos têm paciência, fui muito bem recebido e comecei a estudar junto e tudo coma paciência da professora,* são indicativos dados pelos estudantes do que significam essas mediações enquanto formas de acolhimento para o ato de aprendizagem. Por sua vez possibilita aos estudantes estabelecerem uma relação positiva com os saberes escolares, identificada pelos mesmos ao apontarem: *Eu não sabia escrever agora eu sei escrever sem dificuldade, eu consigo, eu estou achando isso ótimo. Nós participamos de todas as coisas. Em grupo aprendemos cada dia mais e mais. Eu sou outra pessoa.*

Já a questão da relação aluno e as reivindicações do que ainda se faz necessário ao acolhimento do aluno emergem nas falas dos estudantes do segundo segmento de escolarização:

> A relação professor aluno é muito boa, os professores dão todo apoio (Joana, 35 anos, assistente de fraldário).
>
> Os professores devem dar aula e prova e não trabalhos. E devem ir atrás quando o aluno está faltando, assim, como acontece na escola se faltamos muitos a direção vai atrás. Na EJA não acontece isso, os professores não estão nem aí (Manoela, 28 anos, assistente de comércio).

Gosto da metodologia do projeto. Acho que aprendia mais na escola normal, mas aqui na EJA os professores dão mais atenção para o aluno (Jorge, 17 anos, não está trabalhando).

Capta-se nesse conjunto de falas referências às questões da relação professor-aluno, questões teórico-metodológicas do trabalho pedagógico, no caso, o trabalho com projetos, que rompe com a visão de escola já conhecida pelos jovens no âmbito da sociedade e que os faz afirmar: *Os professores devem dar aula e prova e não trabalhos. Gosto da metodologia do projeto. Acho que aprendia mais na escola "normal".* Assim, nem sempre reconhecem a perspectiva metodológica adotada como possibilidade de gerar aprendizagens na sua relação com o que intitulam não ser de escola 'normal'.

Vale assinalar a denúncia em relação ao não acompanhamento da escola por parte do estudante que se ausenta/afasta da mesma, de que *na EJA, os professores não estão nem aí, de que é preciso ver o que acontece com o estudante que falta.*

No entanto, essa fala é contraditória com a de Jorge, que afirma "*... aqui na EJA os professores dão mais atenção para o aluno".* Será essa atenção, em relação à questão dos processos de aprendizagem, mas ainda temos um "silenciamento" da estrutura escolar em relação àqueles que nela não permanecem, ou não contribuímos para que permaneçam? De que modo precisamos pensar esses processos de permanência?

Algumas considerações

Processos de escolarização de jovens e adultos constituem assim, possibilidades para que o sujeito, ao interagir com os conhecimentos das diferentes áreas, aprenda a se relacionar com o conhecimento que para ele é novo.

Há a necessidade de uma intencionalidade e disponibilidade docente de acolhimento do sujeito para o ato de conhecimento ao provimento de condições que podem viabilizar outra relação com o saber. Ações que mobilizam o aluno para o ato de aprender, do reconhecimento do direito à escolarização e no sentido do estabelecimento de relações que ajudem na sua permanência na escola.

Ao analisarmos o que apontam estudantes e docentes com relação à desvalorização que os alunos de EJA fazem de si, constata-se que essa imagem é construída socialmente nas relações desses sujeitos com o mundo.

Os docentes indicam que desenvolvem modos próprios de lidar com essa imagem de desvalorização, pelo acolhimento para o ato do conhecimento e pela reciprocidade que estabelecem com os sujeitos. Os estudantes percebem esse acolhimento, mas denunciam também um *silenciamento* ainda presente na escola em relação aos que dela se ausentam constantemente e, portanto, nela não permanecem.

Perante os dados analisados e as reflexões tecidas neste texto, situa-se que no contexto da luta por políticas educacionais, precisamos garantir para a EJA – financiamentos/ incentivos tanto no que se refere aos aspectos pedagógicos como objetivos/estruturais, com o intuito de combater a evasão/ desistência dos estudantes, tais como a criação de subsídios, vale-transporte, alimentação, atendimento nos bairros, entre outros.

Em suma, é preciso ainda buscar a constituição de políticas públicas para lidar com a EJA em seu formato de escolarização, para então também podermos pensá-la como direito no contexto da formação continuada.

Referências

Campos, E. e Oliveira, A. (2003). *A infrequência dos alunos adultos trabalhadores, em processo de alfabetização*, na Unidade Federal de Minas Dissertação. Faculdade de Educação, UFMG: Belo Horizonte.

Charlot, B. (2000). *Da relação com o saber.* Porto Alegre: Artes Médicas.

Fonseca, M. (2002). *Educação matemática de Jovens e Adultos*: especificidades, desafios e contribuições. Belo Horizonte: Autêntica (1), p. 113.

Fonseca, M. (2002). *Educação matemática de Jovens e Adultos*: reminiscências, negociação de significados e constituição de sujeitos. Alfabetização e Cidadania (São Paulo), São Paulo, (14), 9-19.

Freire, P. (1987). *Pedagogia do Oprimido.* Rio de Janeiro: Paz e Terra.

Kramer, S. (2003). Direitos da criança e projeto político pedagógico de educação infantil. In: Bazílio, L. C.. Kramer, S. *Infância, Educação e Direitos Humanos.* São Paulo: Cortez.

Laffin, M. (2008). A construção de estratégias curriculares e de políticas públicas na Educação de Jovens e Adultos em Santa Catarina. In: *IV Colóquio Luso-Brasileiro sobre questões Curriculares.* Florianópolis: NUP/ UFSC.

Laffin, M. (2006). *A constituição da docência entre professores de escolarização inicial de jovens e adultos.* Florianópolis. 215 f. Universidade Federal de Santa Catarina, Centro de Ciências da Educação: PPGE.

Oliveira, M. (2001). Jovens e adultos como sujeitos de conhecimento e aprendizagem. In: Ribeiro, V. M. (Org.). *Educação de Jovens e adultos: novos leitores, novas leituras.* (01), 15-43.

Oliveira, P. e Eiterer, C. (2008). *"Evasão" Escolar de Alunos Trabalhadores na EJA-Faculdade de Educação/UFMG.* (artigo) Disponível em: <https://docplayer.com.br/5539195-Evasao-escolar-de-alunos-trabalhadores-na-eja.html>.

La universidad en el barrio

Astrid Castells

La universidad en el barrio es un proyecto en el que intentamos vincular todo aquello aprendido en la universidad con el contexto real, en este caso, una escuela de educación para adultos. Con esta experiencia, pretendíamos que tanto los alumnos universitarios que han participado, como los alumnos de la escuela de adultos, aprendieran los unos de los otros, ofreciéndoles otras miradas educativas.

El presente capítulo se dividirá en cuatro apartados. En primer lugar, se hablará sobre la necesidad de implementar dicho proyecto. En segundo lugar se explicará cómo se diseñó y aplicó desde la perspectiva docente. Seguidamente, una de las alumnas del centro de adultos contará su experiencia como participante. Y, finalmente, dos alumnas universitarias que han participado en el proyecto, nos aportaran su visión sobre su puesta en práctica.

La necesidad de vincular los conocimientos con la realidad

Durante estos como profesora universitaria, he aprendido que el hecho de traer profesionales al aula aporta realidad a los contenidos impartidos teóricamente. Cuantos más expertos invitaba a mi clase, más me veía como un gestor de recursos que podía diseñar experiencias educativas geniales para mis alumnos, disponiendo de talentos que no fuesen los míos (Timothy, 2017). Y, a pesar de que sigo apostando con traer profesionales al aula, puesto que siempre me ha dado muy buenos resultados respecto al aumento de motivación del alumnado y a la adquisición de los aprendizajes, encuentro aún más interesante aún el hecho de llevar a los alumnos a contextos reales de aprendizaje para practicar todo lo aprendido. La dificultad principal de optar por esta última opción es la falta de tiempo. Muchos de mis alumnos trabajan por las tardes y, por tanto, les resulta imposible participar en proyectos como estos.

Si pensamos que la universidad del siglo XXI no se consigue adaptando las nuevas tecnologías a los viejos paradigmas educativos, sino aportando a la educación el significado auténtico de la comunicación como transformación y cambio, para acceder así a la sociedad del conocimiento compartido (Gutiérrez, 2010), debemos cambiar la forma de dar clase y sobretodo la manera de evaluar a los alumnos. También tenemos que ser conscientes que este conocimiento compartido no solamente nos llega mediante recursos tecnológicos sino que nos llega a través de las personas que nos rodean. Para ello es importante, tanto traer la realidad a las aulas universitarias mediante las experiencias de profesionales, como adentrar a los alumnos en contextos reales para que experimenten, practiquen y sigan aprendiendo y mejorando en su propio proceso de enseñanza aprendizaje.

Recuerdo el día que les planteé la opción de hacer una formación real en una escuela de adultos. Sus miradas estaban llenas de curiosidad ante lo que les iba a plantear. La curiosidad tiene su forma de expresión máxima en el hombre. El hombre explora lo desconocido, desmenuza, indaga desde que siente el primer mordisco intelectual de una parcela por conocer. Y una vez iniciada esa secuencia no descansa hasta llegar a lo nuevo (Mora, 2000). Aunque a la mayoría les gustó mucho la idea de poder hacer una formación en una escuela de adultos, solo la mitad podía hacer la formación una tarde. El resto, elaboró el proyecto tradicional teórico que llevamos a cabo en la asignatura durante varios años.

Después de la elección de los temas a partir de la lista que habían elaborado las alumnas de la escuela de adultos, llegaron todas las dudas e incertidumbres y en ese punto empezó el aprendizaje. Debemos tener en cuenta que cuando se abre un interrogante, la mente se pone en marcha para cerrarlo. Le gusta saber, quiere entender las cosas; se siente más confortable teniendo el dominio de las situaciones, y el poder lo da el saber (Raspall, 2017). Así pues, cada grupo se puso a indagar sobre su tema y pensar el modo de hacerlo entendible a sus alumnos.

Según la teoría de enseñanza que hace referencia a los Argumentos Basados en Objetivos (ABO), el aprendizaje debe ser práctico, debe tener lugar en un contexto donde el objetivo sea pertinente, interesante y útil para los alumnos y, los conocimientos deben ser adquiridos mediante la realización de tareas que pueden ponerse en práctica fuera del entorno de aprendizaje (Sepúlveda y Rajadell, 2001).

Por esta razón creo que hay que seguir el ejemplo de quienes apuestan por el trabajo, la dedicación y la lucha ante quien corresponda y, de este modo, hacer que lo universitario sea un valor, un prestigio y un logro en el cual se combinan los méritos, la labor y el empeño por ese saber que tanto cuesta conseguir, y sobre todo, mantener al día (Ballesta, 2009).

Diseño y aplicación del proyecto desde la perspectiva docente

La idea de hacer algo conjunto entre la escuela de adultos y la universidad surgió en junio de 2017, en un encuentro casual con mi exprofesor y ahora compañero Ángel Marzo. Aprovechando en marco de la asignatura de tercero de Pedagogía de la Universidad de Barcelona: "Diseño y evaluación de procesos de enseñanza y aprendizaje" de cual soy profesora y coordinadora, pensamos que sería una buena práctica formativa la realización por parte de mis alumnos de una formación paraa sus alumnos de la escuela de adultos.

En setiembre, al iniciar las clases, les propuse a mis alumnos la posibilidad de que el trabajo grupal, que equivale al 40% de la nota de la asignatura, podría ser o la realización de la formación en la escuela de adultos, o la realización de un proyecto teórico. La mitad de los grupos (7 de 14 en total) se entusiasmó con la idea de hacer algo útil y vivencial.

Ángel se encargó de recoger las sugerencias de los temas que las alumnas querían aprender o ampliar. Una vez los tuve en mi mano, se los leí a mis alumnos/as y ellos escogieron los que más les gustaban. Los temas eran los siguientes:

1.	El origen del universo
2.	Los pueblos del mundo
3.	La memoria
4.	La energía corporal
5.	La renta básica
6.	La manipulación de la información
7.	Por qué la población está desmotivada respecto a temas sociales o culturales
8.	Los jóvenes están más desmotivados?

9.   Las movilizaciones sociales
10. El significado de los sueños
11. La resolución de conflictos
12. El crecimiento personal
13. La filosofía griega
14. La filosofía oriental
15. La cultura árabe
16. La inmigración
17. Las bases del racismo

Cabe destacar que los temas elegidos por las alumnas de la escuela de adultos (todas ellas mujeres) eran muy interesantes y a mis alumnos les costó un poco decidirse por un tema concreto.

Los temas elegidos por los grupos fueron: las bases del racismo, la memoria, las energías corporales, el crecimiento personal, la manipulación de la información, la motivación en los jóvenes y el significado de los sueños.

Una vez que cada grupo tenía claro cual era su tema, buscaron información por su cuenta y la empezaron a organizar, pensando estrategias y recursos que ayudaran a la adquisición de esos conocimientos que querían transmitir. También les proporcioné un pequeño índice para organizar el trabajo escrito que debían entregarme y que contenía los siguientes apartados:

Una breve introducción dónde se explique el porqué de la elección del tema, su interés y conocimiento inicial, sus expectativas...

Una descripción general del contexto educativo. En este apartado debían buscar datos sobre el barrio concreto dónde realizarían la intervención, el perfil aproximado de su población... para adecuarse mejor a las características de sus alumnas.

Una detección de necesidades centrándose en: sus propias fortalezas y cómo potenciarlas; en sus debilidades, y cómo afrontarlas; en las oportunidades y cómo aprovecharlas, y en las amenazas y cómo afrontarlas.

Los referentes teóricos u otras formaciones similares a la que iban a realizar para poder analizar el trabajo previo realizado en ese campo y adaptar lo ya existente con las aportaciones propias de cada grupo.

El diseño de la sesión formativa se dividía en diferentes apartados. En primer lugar, cada grupo debía establecer los objetivos principales y secundarios de su intervención educativa. Seguidamente debían presentar un cronograma dónde constarían las distintas actividades programadas durante la hora y media de formación. En este apartado, debían tener en cuenta un tiempo para posibles imprevistos y, algunas actividades más por si la temporización no se ajustaba a la realidad. El tercer lugar constaban los contenidos de la formación, todos esos conocimientos teóricos que querían que sus alumnos aprendieran durante la formación. Dichos conocimientos debían estar correctamente explicados y argumentados con autores y bibliografía. Seguidamente, se explicaba la metodología que llevarían a cabo durante la sesión que en todos los casos era práctica, activa y poniendo al alumno en el centro del proceso formativo y aprovechando en todo momento el hecho de su amplia experiencia. A continuación, se detallaban todas las acciones formativas y las estrategias que se llevarían a cabo. El siguiente apartado era el presupuesto para llevar a cabo la formación. La mayoría de grupos no tuvieron gastos aunque algún grupo quiso traerles un poco de merienda o regalarles unos atrapasueños en recuerdo de su intervención.

Las posibles resistencias y/u obstáculos. Para completar este apartado, les fue bien poder realizar una exposición en clase que les sirvió de simulacro de la formación real. Tanto los compañeros de clase como yo misma, fuimos aportando a los grupos sugerencias o pequeños cambios que fueran útiles en cada caso. También se les preguntaban distintos aspectos de su presentación para prepararles a las preguntas reales que les podían hacer el día de la formación y que tuvieran tiempo así, de elaborar buenas respuestas.

La evaluación de la formación. Este apartado se llevaba a cabo después de realizar la formación. Algunos grupos tenían preparados unos instrumentos de evaluación propios que aplicaban al finalizar la sesión y, en esta parte del trabajo explicaban los resultados extraídos. Otros grupos se fijaban en los resultados del cuestionario de evaluación que hice y les pedí que pasaran. En ambos casos, se les pedía que pensaran en las posibles mejoras de una futura formación de las mismas características.

Las reflexiones finales acerca del proyecto y la propia intervención. Es muy importante que los alumnos, que en esta ocasión han hecho de formadores, reflexionen sobre su propia praxis y vean dónde podrían mejorar en un futuro, qué repetirían porque ha salido muy bien, si han tenido dificultades en algún aspecto concreto o si necesitan más formación en algún apartado.

La bibliografía con todos los libros, artículos o páginas web que han utilizado.

Los anexos, en el caso de que hayan.

Me quedé sorprendida de la gran creatividad que mostraron todos los alumnos. Su interés y sus ganas de hacerlo bien eran contagiosas. Las exposiciones llevadas a cabo en el aula estaban en general muy bien preparadas. También quisiera remarcar que fueron de gran utilidad las tutorías realizadas con cada grupo para orientar la formación y solucionar las distintas dudas que iban surgiendo a medida que iban avanzando.

Finalmente, falta comentar que la cualificación de evaluación de cada grupo se dividía en cuatro partes. En primer lugar, se valoró la exposición realizada en el aula universitaria delante de sus compañeros. Dicha exposición tenía una duración aproximada de 30 minutos dónde deberían explicar cómo habían programado la sesión formativa y cómo serían las actividades planteadas para una buena adquisición de los conocimientos. En segundo lugar se valoró el trabajo escrito entregado por cada grupo dónde constaban los apartados explicados anteriormente. En tercer lugar, Ángel valoró, como coordinador de la escuela de adultos, la intervención de cada grupo guiándose de una pauta que le facilité dónde se tenían en cuenta los siguientes aspectos:

La duración: la sesión formativa era de una hora y media de duración. Se tuvo en cuenta que cada grupo no superara en exceso ese tiempo ni, por el contrario, les quedara una formación de media hora. Es muy importante que como docentes sepan ajustarse al tiempo que se les requiere.

La expresión oral: es muy importante que como formadores sepan adecuar el vocabulario al tipo de alumnos que tienen delante.

El contenido: se valora que el contenido de la formación sea adecuado a la demanda que se realizó por parte de las alumnas.

La adecuación de las actividades: es importante que dichas actividades sean correctamente planteadas para conseguir la adquisición de los conocimientos que quieren transmitirse.

La participación del grupo clase: se requirió en un primer momento que la sesión de formación fuera activa y muy participativa.

La originalidad: se valoró la creatividad de los grupos a la hora de realizar su formación

Las preguntas: era muy importante que los alumnos que en esta ocasión ejercían de docentes, fueran capaces de resolver todas las dudas planteadas durante la sesión formativa.

Finalmente, y en cuarto lugar, se realizó la valoración que para mis alumnos fue la más significativa: la valoración de sus alumnas de la escuela de adultos. Para simplificar la evaluación, elaboraré la siguiente tabla:

Hoja de valoración para las alumnas del Centro de Formación de Adultos (CFA) Canyelles

Puntuad a los grupos universitarios de 0 a 2 siendo 0 nada y 2 mucho.

Grupo	¿Ha sido una clase amena? (0-2)	¿Han transmitido bien el contenido? (0-2)	¿Ha sido una clase participativa? (0-2)	¿Has aprendido algo nuevo respecto al tema trabajado? (0-2)	¿Repetirías una sesión formativa con este grupo? (0-2)	Total

Fuente: Elaboración propia.

Todos los cuestionarios tenían un apartado de anotaciones sobre los distintos grupos dónde las alumnas podían incluir sugerencias de mejora para futuras formaciones.

Cada uno de los 4 apartados tenía una puntuación máxima de un punto, obteniendo como máximo una puntuación final de cuatro puntos sobre el total de la asignatura (4/10).

Una vez puntuadas y analizadas todas las evidencias de evaluación, insté a cada grupo a realizar una tutoría en mi despacho para hacerles la devolución cualitativa y cuantitativa de su trabajo. En ella, pudieron observar tanto la nota numérica como las anotaciones realizadas tanto por las que fueron sus alumnos, como las mías. Ver sus caras de sorpresa y alegría ante las buenas calificaciones y valoraciones obtenidas fue una gran satisfacción para mí.

A modo de conclusión, quería remarcar que la educación es un derecho para todas las personas, sea cual sea su edad o procedencia. Así pues, debemos facilitar la formación en todas las etapas de la vida puesto que todos, sea cual sea nuestra edad, tenemos inquietudes que queremos resolver y necesitamos instrumentos para interpretar nuestra realidad que va cambiando sin parar. El hecho de poder compartir conocimientos entre el alumnado universitario y las alumnas del centro de formación de adultos creo que ha sido muy enriquecedor por ambas partes ya que, mediante los debates que se plantearon en las distintas formaciones, pudieron observar distintos puntos de vista y aprender de ellos.

La autonomía que se les ha dado a los grupos para plantear la formación considero que también ha sido muy relevante para poderla llevar a cabo a su modo, permitiéndoles experimentar y aprender de su propio proceso de enseñanza y aprendizaje, tal y como el nombre de la asignatura indica. En este caso, mi papel ha sido el de acompañante en dicho proceso, dándoles las pautas o directrices pero dejándoles mucho margen para que creen. En alguno de los casos en los que les veía un poco colapsados, les he ofrecido opciones para que ellos pudiesen elegir la que mejor se ajustaba a sus ideas, pero, en todos los casos, dejándoles la libertad de poder hacer el tipo de formación que les hubiera gustado recibir.

Finalmente, me gustaría agradecer a Ángel Marzo y a mis alumnos la implicación para que este proyecto pudiera realizarse con tanto éxito. Me alegra observar que desde la universidad podemos generar un cambio educativo tan grande implicando el barrio y a personas que no han tenido acceso al mundo universitario. Estoy gratamente sorprendida y satisfecha de los buenos resultados del proyecto y espero que se pueda seguir realizando en los próximos cursos.

Mi visión del proyecto como alumna del centro de adultos (Cristina Tello)

Asistí por primera vez al Centro de Formación de Adultos (CFA) situado en el barrio de Canyelles de Barcelona, ilusionada y a la vez con el reparo de empezar una experiencia nueva y conocer a unas personas completamente desconocidas para mí. La acogida de mis compañeras fue muy buena. Ellas si habían asistido a otro tipo de clases en el mismo centro. Eran clases semanales, de una hora y media de duración, cada jueves por la tarde. Desde un primer momento, me impactó el interés y las ganas de colaborar de todas las alumnas (mujeres en su totalidad). Poco a poco fui descubriendo que algunas de ellas procedían de diferentes estratos sociales, aunque gran parte eran del mismo barrio, otrora deprimido socialmente y en la actualidad en vías de expansión. Algunas de ellas han hecho una notable evolución cultural en su madurez gracias a los conocimientos adquiridos en la escuela de adultos y, por supuesto, a la escuela de la vida.

Por este motivo tienen una gran importancia estas clases para nosotras que por diferentes motivos no tuvimos la oportunidad en su momento de poder cursas estudios superiores. Desde mi modesto punto de vista, recibir clases impartidas por alumnas de pedagogía la Universidad de Barcelona es una idea y un proyecto brillante y novedoso, a la vez que muy enriquecedor, dado que han sido clases muy participativas y estimulantes a todos los niveles.

Los temas han sido variados y, algunos, realmente originales, como el de las energías corporales. En esta clase, las alumnas docentes nos sorprendieron con un tema muy bien preparado, con soporte de vídeo y hablándonos de Chakras, Reiki, Yoga, y de sus múltiples beneficios que aportan a las diferentes partes del cuerpo. Terminamos la clase con una relajación colectiva real muy beneficiosa.

Uno de los temas estrella y excelentemente preparado fue el tema de la memoria. Las alumnas docentes aportaron material variado para hacer ejercicios prácticos de memoria que además de conseguir hacer la clase mucho más amena, lograron que la recordáramos fijándola en nuestra memoria. Este grupo fue especialmente agradable, didáctico y profesional. Amenizaron toda la clase con sus juegos y simpatía.

Otro tema fue el racismo, que provocó un debate social y de opinión, enriquecido con el testimonio en primera persona de una alumna docente de origen africano que arrojó mucha luz sobre el tema.

En otra clase se planteó una pregunta sobre si los jóvenes estaban desmotivados. Nuestra respuesta colectiva fue afirmativa. Las alumnas docentes aportaron sus diferentes puntos de vista intentando hacernos cambiar de opinión. Y, ante nuestra pregunta de qué significaba para ellas la motivación, se abrió un debate muy participativo.

El tema mejor preparado, documentado y en el que las alumnas docentes, a mi modo de ver, demostraron mayor profesionalidad y creatividad fue en la clase sobre el significado de los sueños puesto que aportaron bibliografía, cosa que faltó en la mayoría de los grupos. Su explicación fue muy inteligible, con un procedimiento muy depurado de cómo funciona todo el proceso del sueño. Además, explicaron algunos de sus propios sueños repetitivos y el porqué. También se ofrecieron a descifrar con éxito el significado de algunos de nuestros sueños.

Las ideologías y procedencias de las alumnas eran distintas y esto quedaba reflejado en su modo de conducir las clases y, especialmente en los debates dónde algunas alumnas docentes mostraban abiertamente su ideología y rebatían nuestras opiniones muy activamente si no coincidían con su parecer. Del mismo modo, esta diversidad de opiniones, hacía posible que cada clase, además de ser diferente por el tema a tratar, también lo fuera por las diferentes estrategias educativas que cada grupo de alumnas docentes empleaba y por el contraste ideológico que cada grupo presentaba. Por un lado, esta circunstancia enriquecía las clases, despertando aún más nuestro interés como alumnas. Por otro lado, las alumnas docentes también se implicaban más al ver nuestro nivel de participación en todos y cada uno de los temas, algún grupo des del primer momento y, otros grupos, mediante nuestras preguntas y comentarios que en ocasiones eran duros por experiencias vividas e incisivos según el tema tratado.

En general, las alumnas docentes eran amables y cercanas con nosotras, ofreciéndonos la oportunidad al diálogo y a la participación activa.

No debemos olvidar que las alumnas del Centro de Formación de Adultos, desde hace años, luchaban por conseguir este tipo de formación. Por suerte, desde la Universidad de Barcelona se planteó el proyecto de recoger las inquietudes de ambas partes. El resultado ha sido estupendo para la adquisición de conocimientos de un modo fresco y desenfadado, a la vez que altamente didáctico para nosotras. Una vez terminado el horario de clase, las alumnas docentes y nosotras confraternizábamos y nos quedábamos con ganas de seguir. No podemos olvidar que para quienes no hemos tenido la ocasión de poder estudiar en nuestra juventud, el sentimiento de carencia de conocimientos siempre nos acompaña y nos da la sensación de ser "menos inteligentes".

La formación universitaria de las alumnas docentes de pedagogía ha sido muy satisfactoria. Su buena preparación hizo que nos sintiéramos con confianza para exponer nuestras dudas y preguntas, hallando casi siempre respuestas satisfactorias de cada tema. Su sensibilización a nivel humano también se hizo notar.

En mi opinión, deberían fomentarse mucho más las escuelas de adultos, y no solamente en barrios deprimidos y por iniciativas puntuales. Opino que las escuelas de adultos deberían promoverse en todos los barrios de la ciudad y promocionarlos, acercándolos a los vecinos de cada uno de ellos.

Se tiene que aproximar la educación y la cultura a todos los niveles y, sobre todo, a todas las edades, poniendo mayor énfasis en las personas adultas que no tienen tanta facilidad de acceso a las redes de información. Además, los mayores tenemos que vencer los reparos que tenemos por vergüenza u orgullo de acudir a las escuelas. La ignorancia genera más ignorancia y reparo a la hora de ir a aprender.

Nuestras alumnas docentes nos han transmitido que también para ellas ha sido una experiencia enriquecedora, que les gustaría repetir con nosotras con otras temáticas la formación puesto que ellas también han aprendido con nosotras en diferentes niveles.

La universidad en el barrio nos ha dado la oportunidad de aprender, debatir y expresar nuestra opinión sobre temas importantes y de actualidad, en talleres amenos y enriquecedores.

La visión de dos alumnas sobre la puesta en práctica del proyecto (Sílvia Muñoz y Nerea Garcia)

Como estudiantes de Pedagogía, que ese día asumimos el rol de formadoras, podemos decir que, des de un principio, la propuesta de la realización de este proyecto nos despertó mucha motivación y ganas de llevarlo a cabo. El hecho de haber podido escoger el tema también fue fundamental para nuestra posterior implicación y el sentido del aprendizaje, ya que consideramos muy importante que este tipo de trabajos se realicen sobre un tema que no haya sido impuesto, para evitar que el proyecto se convierta en una carga o se haga a disgusto. Evidentemente esto no fue así, cosa que facilitó la búsqueda de información, porque estábamos muy interesadas en el tema. El primer obstáculo que nos encontramos nos hizo plantearnos la viabilidad de la propia realización del trabajo, ya que nos dimos cuenta que no había información contrastada sobre este, y que la mayoría de los temas eran tratados desde un punto de vista muy subjetivo, dependiendo de cada autor. No tardamos mucho en ver que esa situación no era un inconveniente, sino más bien una oportunidad, que nos permitía hablar sobre el tema desde diferentes puntos de vista, enriqueciendo así el proyecto en general. La libertad que tuvimos para escoger el contenido también fue muy determinante, ya que nos permitió decidir nosotras mismas que aspectos queríamos abordar. Durante la preparación de la formación, hubo momentos de estrés, ya que la gran cantidad de tiempo dedicado a la creación de los recursos que íbamos a utilizar, no nos permitía avanzar en el trabajo escrito. Por suerte, supimos organizarnos y gestionar todas las tareas pendientes de una manera adecuada y a tiempo. Realmente, antes de llevar a cabo la formación, ya estábamos satisfechas con nuestro trabajo, ya que lo habíamos preparado con mucha perseverancia e ilusión, sentimientos que fueron aún mayores cuando vivimos la experiencia. Aunque nos costó un poco encontrar el centro, debido a que no era muy visible, gracias a que fuimos previsoras, llegamos a tiempo y con antelación. Desde que vimos a las alumnas ya nos dimos cuenta que íbamos a pasar un buen rato, y así fue.

Utilizamos una metodología práctica, activa, ya que queríamos hacer partícipes a las personas asistentes de todo lo que llevaríamos a cabo durante la sesión. Esta es una metodología que permite una interacción constante entre formadores/as y formados/as, creando así un clima mucho más relajado y agradable, en el que cada una de las personas se siente importante, ya que durante la sesión puede participar, expresarse y/o intervenir en cualquier momento. Por ese motivo decidimos enfocar la formación en esa dirección, siendo la metodología más acorde a nuestros estilos de aprendizaje, considerando importante e imprescindible la parte vivencial, que no solo es favorable para las personas asistentes, sino también para nosotras y nuestro propio aprendizaje del proyecto.

Seguimos una estructura muy clara y precisa, planificada anteriormente, dividida en seis bloques, dejando un margen de tiempo para los imprevistos que pudieran surgir. Empezamos con una pequeña presentación de nosotras, las componentes del grupo, explicando que éramos estudiantes del Grado de Pedagogía de la Universidad de Barcelona y que realizábamos la formación como proyecto de aprendizaje experiencial incluido en la asignatura de *Diseño y evaluación de procesos de enseñanza y aprendizaje*. A continuación, introducimos el tema que se iba a tratar: *El significado de los sueños*, explicando también el motivo por el cual lo habíamos elegido y la motivación que mostrábamos ante él, exponiendo a su vez, la estructura que seguiría la formación y los temas que se iban a tratar. Seguidamente, expusimos el contenido, abordando cada uno de los temas mediante un atrapasueños gigante que habíamos elaborado manualmente, que no solo servía como elemento con gran atractivo visual, sino también como recurso para guiar la presentación, ya que en él se encontraban todos los apartados referentes al contenido de la formación. Después, pasamos a la ejecución de las actividades. La primera que propusimos fue la realización de un laberinto, con la peculiaridad que, la mitad del grupo lo hacía al momento, y la otra mitad tenía unos minutos para verlo antes de hacerlo, contando con unos minutos de margen antes de la realización, en los cuales podían pensar en lo que habían visto, teniendo los ojos tapados con un antifaz, con la intención de reproducir, a pequeña escala, un experimento (Ciencia Today, 2017) que aseguraba que el sueño, en este caso simulado durante unos minutos, ayuda a procesar todo aquello que vemos, pudiendo así solucionar con mayor facilidad una tarea. La segunda actividad, denominada "El bingo de los sueños", era un juego que mezclaba las normas básicas del bingo tradicional, conocido popularmente, con una serie de preguntas a las cuales debía encontrarse la respuesta, de tal manera que, cada bola del bingo escondía una pregunta, cuya respuesta se encontraba en los cartones de las participantes, y eran ellas las que tenían que seleccionar la respuesta correcta a cada pregunta, consiguiendo así completar la información que anteriormente había sido explicada de manera teórica. Antes de finalizar la formación, repartimos unos cuestionarios reflexivos, en los que aparecían cinco preguntas en referencia a la experiencia formativa, intentando extraer cuales eran aquellas cosas que más y menos habían gustado de nuestra intervención, como también opiniones que nos ayudaran a mejorar en nuestra práctica profesional. Finalmente, dedicamos unos minutos a agradecer la asistencia y participación, dando la posibilidad de exponer comentarios, opiniones y/o sugerencias, cerrando la formación con la entrega de unos obsequios, unos pequeños atrapasueños.

A grandes rasgos, todo salió como estaba previsto, y supimos adaptarnos a todas aquellas preguntas, dudas y debates que surgieron de más. Disfrutamos muchísimo de la experiencia y de las personas que formaron parte de ella, sentimos que estábamos haciendo las cosas bien y además, que todo el esfuerzo previo había valido la pena. Es una experiencia de la cual hemos aprendido muchísimo desde el principio, empezando por la selección del tema y su adecuación al púbico correspondiente, continuando con el diseño y elaboración del material para las actividades, y finalmente, llevando a cabo la formación *in situ*. Motivo por el cual la volveríamos a repetir, con las mismas ganas y dedicación de siempre, valorando muchísimo que se nos brinde este tipo de oportunidades que nos hacen crecer no solo a nivel profesional sino personal.

Damos las gracias al centro, a las personas que asistieron ese día, y especialmente y con mayor importancia a nuestra profesora, no solo por haber propuesto el proyecto, sino por haberlo hecho posible, ya que somos conscientes que este tipo de experiencias innovadoras suponen mucho trabajo previo, y de la misma manera que ella valora el nuestro, queremos valorar también el suyo. Gracias.

Referencias

Ballesta, J. (2009). Educar en tiempos revueltos. Barcelona: Graó.

CienciaToday (2017). ¿Por qué soñamos? ¿Qué dice la ciencia? Recuperado en: https://ciencia-today.com/por-que-sonamos/

Gutiérrez et al. (2010). Red de Revistas Científicas de América Latina y el Caribe, España y Portugal. Recuperado de: http://www.redalyc.org/html/158/15812481020/

Mora, F. (2000). El cerebro sintiente. Barcelona: Ariel Neurociencias.

Raspall, L. (2017). Neurociencia para educadores. Argentina. Homo Sapiens Ediciones.

Sepúlveda, F. y Rajadell, N. (2001). *Didáctica general para psicopedagogos*. Madrid Universidad Nacional de Educación a distancia.

Walker, Timothy D. (2017). Ensenyar com a Finlàndia. Barcelona: Viena.

Currículums de autores y autoras

Àngel Marzo Guarinos, Director del Centro de Formación de Adultos Canyelles de Barcelona. Profesor asociado de la Universidad de Barcelona del Departamento de Didáctica y Organización Educativa. Doctor en Ciencias de la Educación por la Universidad de Barcelona. Director de la revista Diálogos de 1994 a 2014. Miembro del Consejo gestor del Instituto Paulo Freire de España. Miembro del equipo de investigación consolidado GIAD - Grupo de investigación de innovación y asesoramiento didáctico. ORCID: https://orcid.org/0000-0003-0758-4339. E-mail: angelmarzo@ub.edu

Ana Célia Dantas Tanure, Mestre em educação de adultos pela Universidade do Estado da Bahia. Professora da Prefeitura Municipal de Feira de Santana, desenvolvendo a função de gestora escolar. Atua também como Coordenadora Pedagógica da Rede Estadual de Ensino. ORCID: https://orcid.org/0000-0002-5201-0759. E-mail: anatanure@gmail.com

Antonio Amorim, Professor da Universidade do Estado da Bahia / Brasil (UFBA). Pós-Doutorado Difusão do Conhecimento (UFBA). Doutorado em Psicologia - Universidade de Barcelona - Espanha. Mestrado em Educação pela Pontifícia Universidade Católica de São Paulo. Pedagogo: Faculdade Nove de Julho. Líder do Grupo de Pesquisa: Gestão, Organização, Tecnologia e Políticas Públicas em Educação. Presidente da Rede Internacional de Pesquisa em Educação. ORCID: http://orcid.org/0000-0003-3236-9139 E-mail: antonioamorim52@gmail.com

Arminda Rachel Botelho Mourão, Doutora em Educação: História, Política, Sociedade pela Pontifícia Universidade Católica de São Paulo, mestre em Educação pela Universidade Federal do Amazonas. Atualmente é professora Titular da Universidade Federal do Amazonas. ORCID: https://orcid.org/0000-0002-1940-9477. E-mail: arachel@uol.com.br

Astrid Castells Tello, Pedagoga y master en Psicopedagogía por la Universidad de Barcelona (UB). Terapeuta especializada en necesidades educativas especiales.

Profesora del grado de Pedagogía en el departamento de Didáctica y Organización Educativa (DOE) de la Facultad de Educación en Universidad de Barcelona. Miembro del Grupo de Innovación y Asesoramiento Didáctico (GIAD). ORCID: http://orcid.org/0000-0001-5095-3481. E-mail: astridcastells@ub.edu

Adna Santos das Neves, Professora do Ensino Fundamental e Vice-Gestora de EJA, da Rede Municipal de Ensino de Salvador-Bahia- Brasil. Mestra em Políticas Sociais e Cidadania pela Universidade Católica do Salvador-UCSAL. Graduada em Pedagogia pela Universidade Católica do Salvador-UCSAL; Eespecialista em Metodologia do Ensino Superior; Desenvolve pesquisa de Políticas Públicas em EJA e Mundo do Trabalho, membro do Grupo de Pesquisa Gestão e Avaliação de Políticas e Projetos Sociais (GAPPS). E.mail: nevesadna@yahoo.com.br

David Mallows, Docente como miembro principal en UCL Institute of Education, Londres. Ocupó el cargo de Director de Investigación en el National Research and Centro de desarrollo de alfabetización y aritmética de adultos (NRDC) en el Instituto de Educación de la UCL, Londres. Formó parte del equipo directivo de NRDC desde 2004, desarrollando un conocimiento detallado del sector. Ha gestionado y desarrollado proyectos de investigación transnacionales en alfabetización, lenguaje y aritmética de adultos, basados en métodos cualitativos y cuantitativos, que cubre el lugar de trabajo, la formación del profesorado, la alfabetización familiar, el apoyo y la evaluación del idioma, así como evaluaciones a pequeña escala. ORCID https://orcid.org/0000-0001-8378-5488. Email: d.mallows@ucl.ac.uk

Graça dos Santos Costa. Doutora em pedagogia pela Universidade de Barcelona (UB). Professora titular da Universidade do Estado da Bahia(UNEB). Professora do programa de Pós-Graduação em Educação de Jovens e Adultos (MPEJA), Universidade do Estado da Bahia (MPEJA-UNEB). Atualmente está de licença para interesse particular e atua como professora associada da Universidade de Barcelona. ORCID: https://orcid.org/0000-0001-7770-0118. Email: gracacosta@gmail.com

Irene García Bretón Mai Garcia és pedagoga per la Universitat de Girona i psicopedagoga per la Universitat de Barcelona. L'any 2016 va el treball a la revista local Camí de Ronda anomenat Carme Isern i Galceran (1897-1987): *Una pedagoga empordanesa de talla internacional a favor dels desvalguts*. Ha participat en diferents projectes locals de caràcter social a l'àmbit de l'aprenentatge de llengües, alfabetització, formació de adolescents i joves, i formació ocupacional. Actualment treballa en un centre de psicologia com a psicopedagoga. Email: magarbre@gmail.com

Jackeline Silva Cardoso, Mestre em Educação de Jovens e Adultos –UNEB. Especialista em Alfabetização e Letramento – UFBA. Professora da Rede Pública Municipal de Ensino de Guanambi – Bahia. Membro do Grupo de Pesquisa Formação, Autobiografia e Políticas Públicas– FORMAPP. E-mail: jackeline.educ@gmail.com

Jessica Cabezas, Licenciada en Filosofía (UNED), Máster en Investigación y Cambio educativo y Doctora en Ciencias de la Educación por la Universidad de Barcelona. Líneas de investigación: estrategias didácticas en estudiantes con altas capacidades en contextos de inclusión y equidad, cine y educación, filosofía y educación. Miembro del Grupo Consolidado de Investigación y Asesoramiento Didáctico GIAD desde 2015. ORCID: 0000-0003-0784-0478. E-mail: cabezas.jessica@gmail.com

Luís Alcoforado, Doutor, FPCEUC; Faculdade de Psicologia e de Ciências da Educação da Universidade de Coimbra – Portugal; Ciências da Educação; Centro de Estudos Interdisciplinares do Século XX. ORCID: 0000-0003-4425-7011. E-mail: lalcoforado@fpce.uc.pt

Meritxell Alsina, Graduada en Sociologia i amb un màster en Psicopedagogia en l'especialització d'inserció sociolaboral, es dedica al sector de la ocupació des del 2016. Ha treballat a departaments d'ocupació i inserció sociolaboral d'entitats del tercer sector de Barcelona i a serveis de promoció econòmica i desenvolupament local de l'administració pública del Vallès Occidental. Email: meritxell.alvi@gmail.com

Maria da Conceição Cédro Vilas Bôas de Oliveira, Coordenadora Pedagógica da Rede Estadual de Ensino; Coordenadora de Sistema da Rede Pública Municipal de Feira de Santana – BA; Licenciada em Pedagogia, Especialista em Metodologia do Ensino Superior, Gestão Escolar e em Alfabetização; Mestra em Educação de Jovens e Adultos – UNEB. Email: mariaoliiveira@gmail.com

Maria Rutimar de Jesus Belizario, Doutoranda em Educação pelo Programa de Pós-Graduação em Educação da Universidade Federal do Amazonas. Professora do Instituto Federal de Educação, Ciência e Tecnologia do Amazonas. E-mail: rutijesus@yahoo.com.br

Maria de Fátima Pessôa Lepikson, Professora pesquisadora da Universidade Católica de Salvador -UCSAL- Programa de Políticas Sociais e Cidadania. Doutorado em Educação pela Universidade Federal da Bahia, mestrado em Educação pela Universidade Federal de Santa Catarina (1998); especialização em Metodologia do Ensino Superior; Graduada em Serviço Social pela UCSAL; Líder do Grupo de Pesquisa Questão Social, Estado e Sociedade Civil; Membro do Grupo de Pesquisa Políticas Públicas e Gestão Escolar. E-mail: flepikson@gmail.com

Maria Hermínia Lage Fernandes Laffin, Possui graduação em Pedagogia, pela ACE/SC (1985), mestrado em Educação pela UNICAMP (1996), doutorado em Educação pela UFSC (2006) e pós-doutorado pela UNEB. É professora do Programa de Pós-graduação em Educação da Universidade Federal de Santa Catarina. Pesquisa a Educação de Jovens e Adultos e seus elementos constitutivos: sujeitos, escolarização, práticas escolares, políticas públicas e formação de professores. Coordena o Grupo de Estudos e Pesquisas em EJA – EPEJA. E-mail: herminialaffin@gmail.com

Patrícia Lessa Santos Costa, Doutora em Ciências Sociais, pela Universidade Federal da Bahia (UFBA),Salvador, BA, Brasil. Professora titular e coordenadora do Programa de Pós-Graduação em Educação de Jovens e Adultos (MPEJA), Universidade do Estado da Bahia (UEBA), Salvador, BA, Brasil. ORCID: http://orcid.org/0000-0002-2038-8132. E-mail: plessacosta@gmail.com

Pep Aparicio Guadas, Instituto Paulo Freire de España, profesor de FPA, miembro del consejo directivo de la revista *Dialogos;* participante en diferentes movimientos sociales y políticos, de educación popular; asesor de otras organizaciones y movimientos: de educación y formación de personas adultas, de participación y autonomía. E-mail: aparicioguadas@gmail.com

Vilma Aparecida Pinho, Doutorado em Educação pela Universidade Federal Fluminense (2010). Atualmente é professora do Programa de Pós-Graduação em Educação e Cultura - PPGEDUC UFPA CAMETÁ, e professora da Universidade Federal do Pará. - ORCID: https://orcid.org/0000-0002-2544-0841. E-mail: vilmaaparecidadepinho@gmail.com

Katia Siqueira de Freitas, Graduada pela Universidade Federal da Bahia, doutorado e pós-doutorado em Administração da Educação- pela The Pennsylvania State University. Professora pesquisadora da Universidade Católica de Salvador -UCSAL- no Programa de Políticas Sociais e Cidadania. Pesquisa educação e políticas sociais. Membro da Rede Internacional de Pesquisa em Educação (BRASILUEJA), Líder do grupo de pesquisa: Gestão e avaliação de políticas e programas sociais. ORCID: http://orcid.org/0000-0003-0984-814X. E-mail: sfkatai@gmail.com

Tânia Regina Dantas, Doutora em Educação-Universidad Autonóma de Barcelona. Mestre em Ciências da Educação-Université de Paris 8. Mestre em Didática e Organização Escolar-UAB- Espanha. Especialista em Educação de Jovens e Adultos. Líder do Grupo de Pesquisa Formação de Professores, Autobiografia e Políticas Públicas. Professora Permanente do Programa de Pós-Graduação em Educação e Contemporaneidade-PPGeduc. Pesquisadora e Parecerista Ad-Hoc da CAPES. Ex-Coordenadora e Docente Permanente do Programa de Pós-Graduação em Educação de Jovens e Adultos-Mestrado Profissional em EJA do Departamento de Educação- Campus I da UNEB. Editora Geral da Revista RIEJA. ORCID.ORG:0000-0002-0953-512X. E-mail: taniaregin@hotmail.com

www.ingramcontent.com/pod-product-compliance
Lightning Source LLC
Chambersburg PA
CBHW081251130726
47998CB00010B/2755